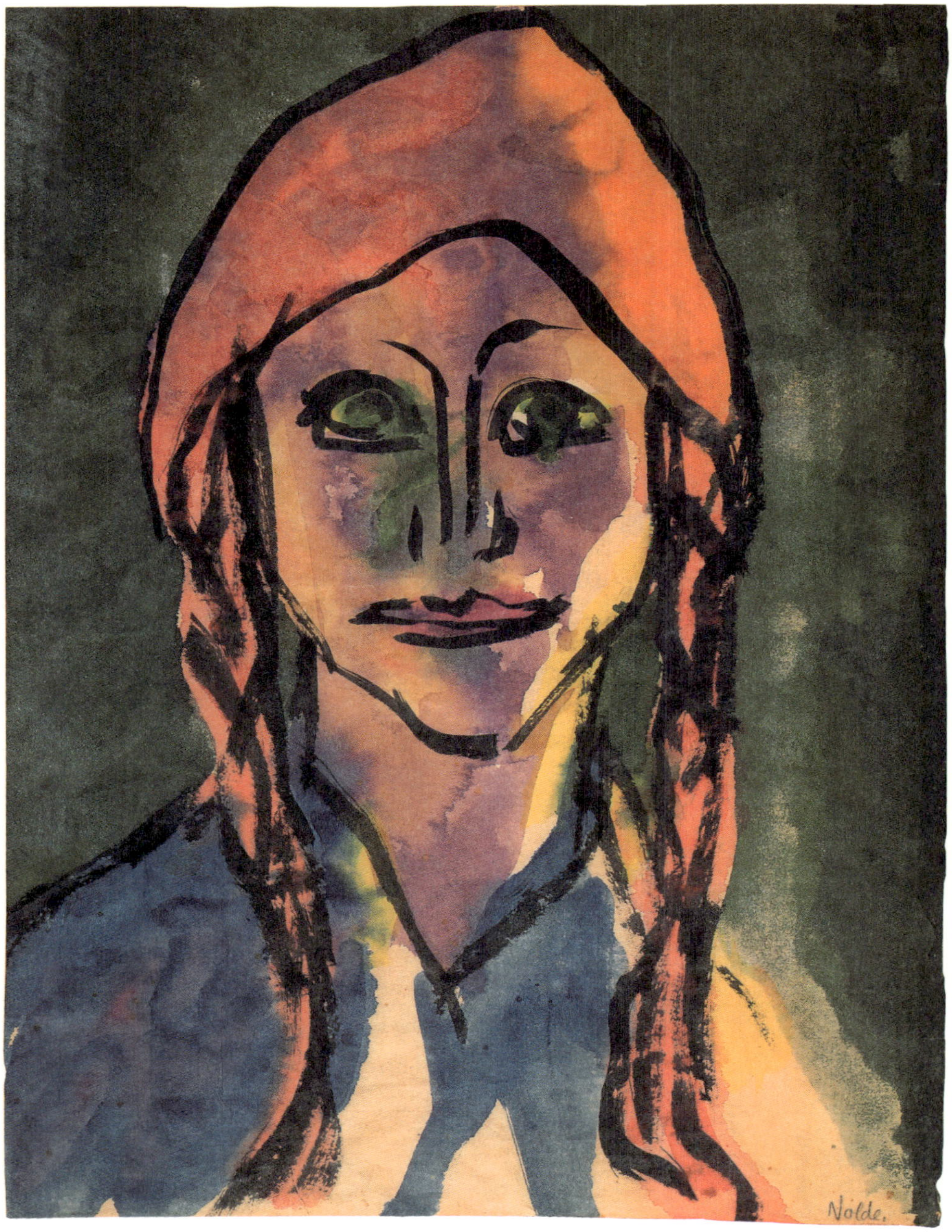

Emil Nolde
Mädchenkopf
Aquarell
47 x 35 cm
Signiert unten rechts: Nolde
Inv.-Nr. SG 140

Unter den Aquarellen Noldes finden sich viele Bildnisköpfe, von denen einige wirkliche Porträts, andere freie Erfindungen sind oder eben Zwischenstufen von Abbild und gefühlshaft Erschautem. Bildnisse von Frauen bilden dabei die Mehrzahl. Die Ausdrucksstärke von Noldes Bildnisaquarellen beruht auf der geheimnisvollen Wirkung der Naß-in-Naß aufgetragenen Farben, der malerisch fließenden Bewegtheit, die auch die Konturierung und Binnenzeichnung erfaßt und wie im »Mädchenkopf« mit kurzen Pinselstrichen Mund, Nase und Augen markiert. M.S.

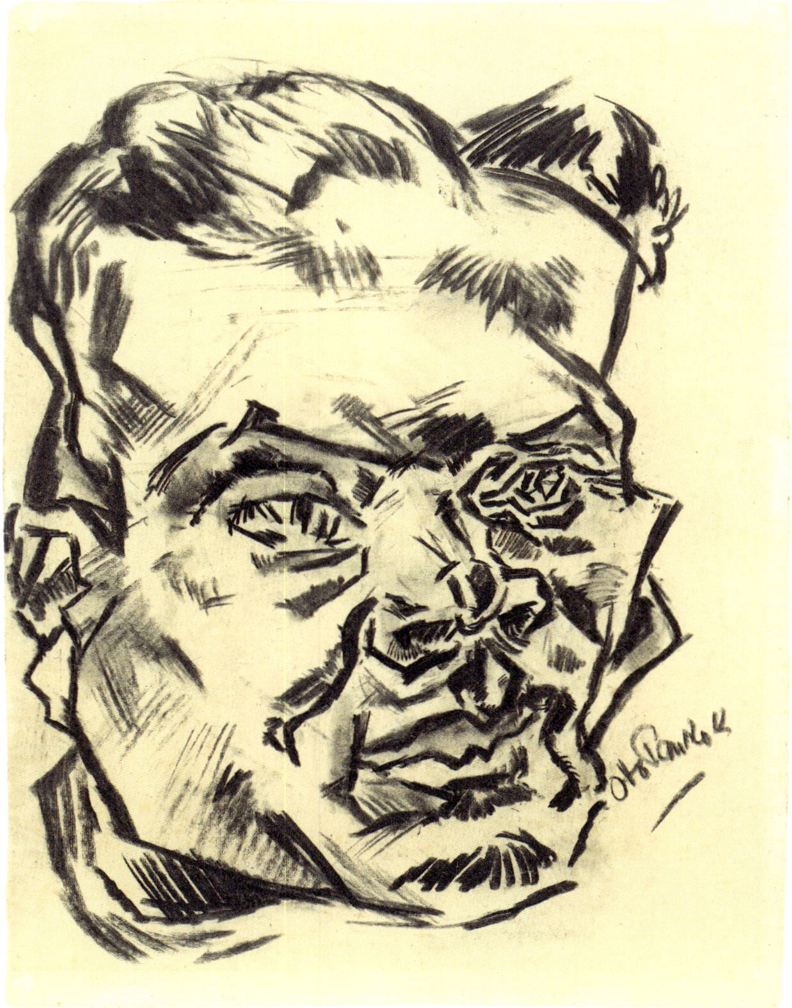

Otto Pankok
Männerkopf; o. J.
Kohle
63 x 47.5 cm
Signiert neben dem Kinn rechts:
Otto Pankok
Inv.-Nr. A 44/57

In eckigen Linien, die der Gesichtsphysiognomie entgegen arbeiten, porträtiert Otto Pankok einen unbekannten Mann. »Diese Menschendarstellungen sind mehr als Porträts. Sie sind Geschöpfe, die Mitleid, Liebe und Brüderlichkeit verlangen. Sie sind Zeugen des Menschlichen und Opfer der Unmenschlichkeit«, charakterisiert Hulda Pankok die Arbeiten ihres Mannes. Diese Porträts ziehen sich durch das gesamte Oeuvre des Mitbegründers der »Gruppe Ey«, des »Jungen Rheinland« und der »Rheinischen Sezession«. Pankok beschäftigt sich in seinem Werk beständig mit Menschen im sozialen Abseits und brachte ihre Ängste in expressiven Linien eindrücklich zum Ausdruck. In seinen am Realismus orientierten Bildern arbeitet Pankok für eine humane Gesellschaft. A.F.

Max Pechstein
Schneeschmelze, 1922
Öl auf Leinwand
77 x 98 cm
Bezeichnet oben rechts: HM Pechstein 22
Inv.-Nr. A 4/53

»Solange der Himmel blau, die Wiesen grün, die Natur in ihrer Schönheit uns begeistert, solange werden wir malen, auch wenn wir andere Farben sehen, die ebenfalls da und existent sind, die durch uns sichtbar gemacht werden, aus unserem Naturerlebnis heraus gestaltet werden zur Freude, zur Erbauung, zur Kunstbetrachtung anregen. Wir Künstler sind ein Stück der Natur, wir gehören zu ihr und sie zu uns« (Pechstein). Aus der kalten kargen Landschaft in blau und weiß scheinen einige Braun- und Rottöne heraus. Das scheinbar verlassene Haus im Hintergrund des gefrorenen Sees ist menschenfeindlich, wie die Stimmung des Winters, die Max Pechstein hier charakterisiert. Durch die angedeuteten Lichtreflexe auf dem See ist die Orientierung des Künstlers an impressionistischen Stiltendenzen, wenn auch in expressionistisch gestischer Manier, erkennbar. Der Raum ist perspektivisch aufgebaut und die Gegenstände erscheinen jedoch flächig. Während seiner »Brücke« – Mitgliedschaft hatte der Künstler seine traditionelle Orientierung abgelegt, aber doch nie ganz verloren, was ihm im Gegensatz zu seinen Kollegen eine stärkere Anerkennung innerhalb der zeitgenössischen Kunstkritik einbrachte. A.F.

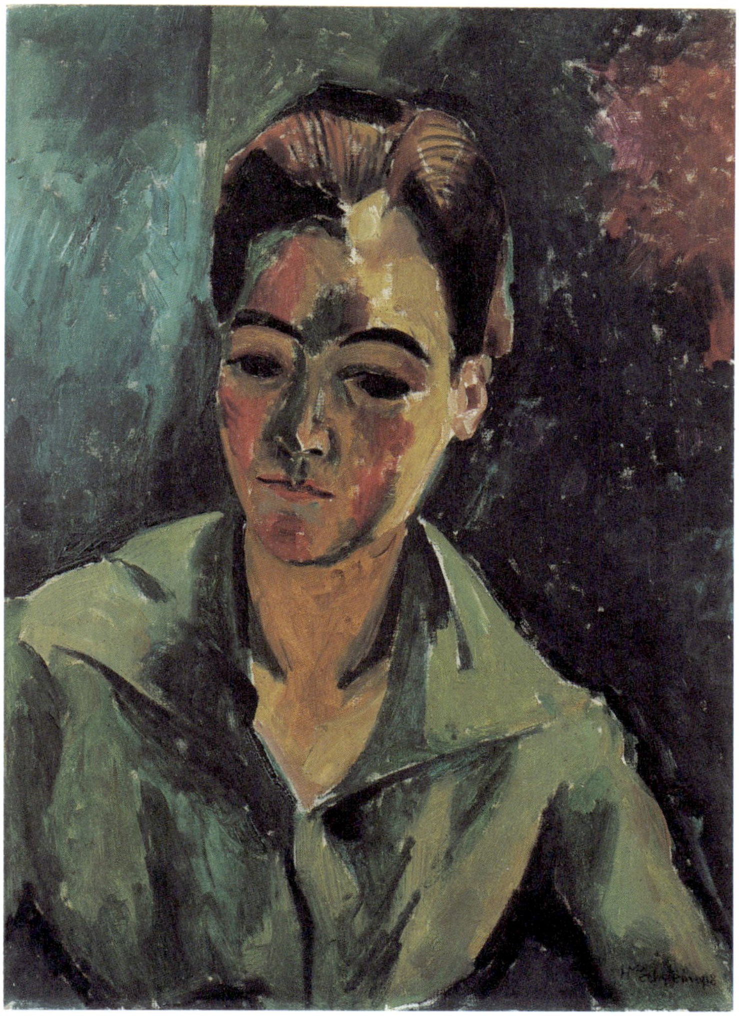

Max Pechstein
Damenbildnis in Grün, 1918
Öl auf Leinwand
70 x 50 cm
Bezeichnet unten rechts: HM Pechstein 12
Inv.-Nr. SG 145

»Kunst ist eine Steigerung des Handwerks. Wer in heißem Bemühen seine Arbeit, und sei sie auch noch so gering, gut ausgeführt hat, kann sie stolz mit seinem Namen vertreten« (Pechstein).
Max Pechstein besitzt anders als die Autodidakten der »Brücke«, deren Mitglied er von 1906 bis 1912 war, eine traditionelle Kunstausbildung. Nach einer Lehre im väterlichen Malereibetrieb folgten ein Studium an der Kunstgewerbeschule und der Kunstakademie in Dresden. Der Künstler distanziert sich nach dem Krieg immer stärker von den Werken seiner Weggefährten zu Gunsten einer sachlich-realistischen Sicht. Seine Arbeiten sind weniger durch aggressiv eckige und sperrige Konturen geprägt, sondern gewinnen zunehmend an Ausgeglichenheit und Harmonie. Diese Tendenz zeigt sich auch bei dem Porträt der Tochter des Schriftstellers Ernst Hardt aus Jena, der auch bei Kirchner häufig dargestellten Tänzerin Nina Hardt. Die Frau wirkt in sich versunken und mit sich selbst beschäftigt. Pechstein nimmt damit die expressiven Errungenschaften des beginnenden 20. Jahrhunderts zwar auf, doch wird die Lokalfarbe neben der psychologisch wirkenden Farbe Grün wieder dominierend. Der Farbauftrag ist beherrscht und flächig, die Komposition des Dreiviertelporträts geradezu klassisch. Traditionelle Licht- und Schattenwirkungen bestimmen den Gehalt des Gemäldes. A.F.

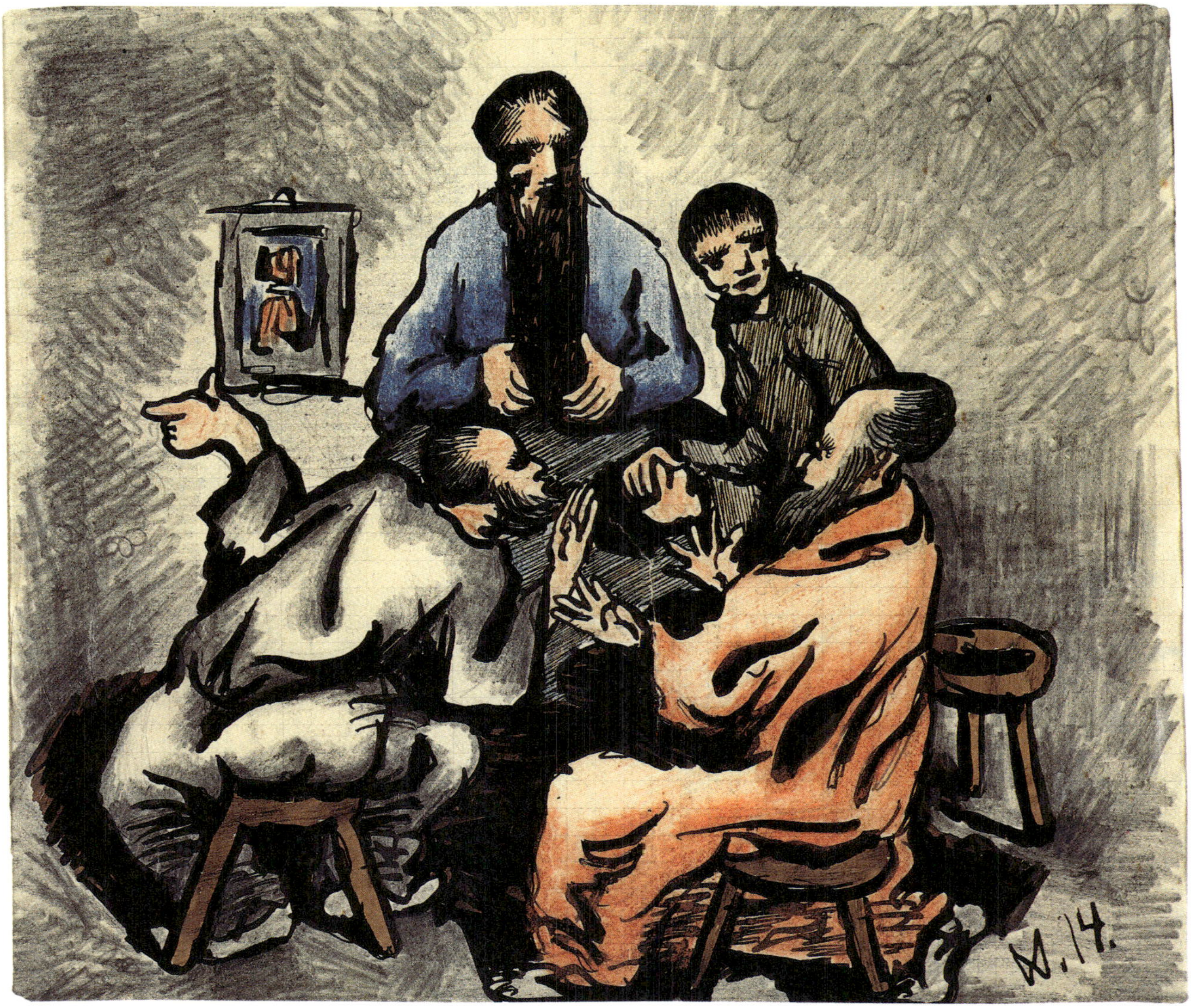

Wilhelm Morgner
Disputation, 1914
Farbkreiden, Tusche, Bleistift
30 x 19 cm
Signiert und datiert unten rechts: WM 14
Inv.-Nr. Ca III 122.2

Eine Figurengruppe – drei Männer und eine Frau – sind in ein engagiertes Gespräch vertieft, ein wissenschaftliches Streitgespräch. Die Blicke sind aufeinander gerichtet und die gestikulierenden Hände bilden in verschiedenen Haltungen das Zentrum der Zeichnung, nur eine weist aus dem Bildraum heraus. Die mittlere blaue Figur erscheint als Spitze einer Dreieckskomposition und ist durch einen Nimbus hervorgehoben. Durch die langen Gewänder der bärtigen Männer und die Holzschemel könnte dieses Blatt als Unterredung Jesu mit zwei seiner Jünger und einer Frau interpretiert werden. Wilhelm Morgner beschäftigten Zeit seines Lebens religiöse Themen. Seit 1913 und während des Krieges finden sich im Oeuvre des Künstlers keine Ölgemälde mehr. Bereits im August nimmt Morgner am Feldzug gegen Frankreich teil und erleidet eine Fußverletzung. Zu Weihnachten auf Heimaturlaub in Soest beginnt seine Freundschaft mit dem Malerkollegen Eberhard Viegener.
Gerade 26 Jahre alt fiel Morgner am 12. August 1917 als Soldat in Flandern. A.F.

Otto Mueller
Drei Badende im Teich, um 1912
Leimfarben auf Rupfen
119 x 90 cm
Signiert auf der Rückseite: Otto Mueller
(die Rückseite weist zudem eine Figuren-Skizze auf)
Inv.-Nr. A 3/50

»Seine poetischen Schilderungen behalten einen verträumten Unterton, jenes lyrische Element, das mit seiner gedämpften Empfindsamkeit die leisen Zwischentöne liebt«
(Jähner, 1974, 25).
Otto Mueller, der erst spät zur Gemeinschaft der »Brücke« fand, formulierte das Thema »Akt in Landschaft« in seinen Werken auf vielseitige Art. Er variierte zwischen reinen Figurenkompositionen oder präsentierte seine Akte – wie in unserem, vermutlich an den Moritzburger Teichen entstandenen Gemälde – eingebunden in eine scheinbar zivilisationsferne, unberührte Natur. Durch die Farbgebung im herbstlichen Braunton scheinen Landschaft und Mensch zu einer harmonischen Einheit verschmolzen. Mit der Verwendung der Leimfarbe erhält das Gemälde eine besondere Ausstrahlungskraft. Das Kolorit wirkt duftig und gedämpft, es liegt wie ein zarter Hauch auf dem Dargestellten und verleiht dem Ganzen etwas Transparentes. Die Verwendung des groben Rupfen als Malgrund läßt aufgrund der ihm eigenen Stoffstruktur die feinsten Differenzierungen der Farbtöne erreichen.
In der Bevorzugung der Leimfarben gegenüber der Ölmalerei wie auch in der weitgehenden Reduzierung der plastischen Körpermodellierung seiner dunkel konturierten Akte findet Otto Mueller seinen eigenen, romantisch expressiven Stil, die seinen Gemälden ihr ganz eigenes Gepräge verleihen. M.S.

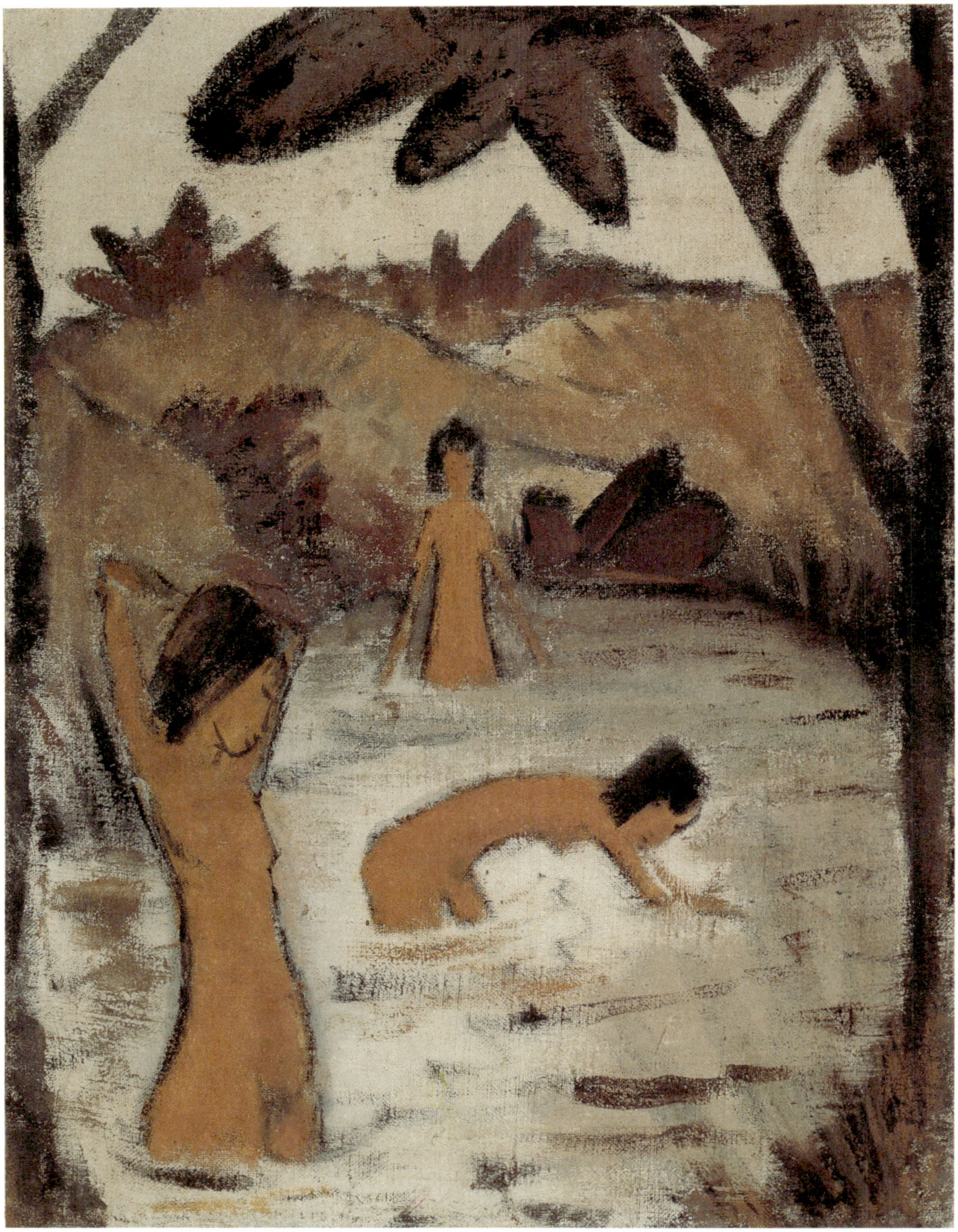

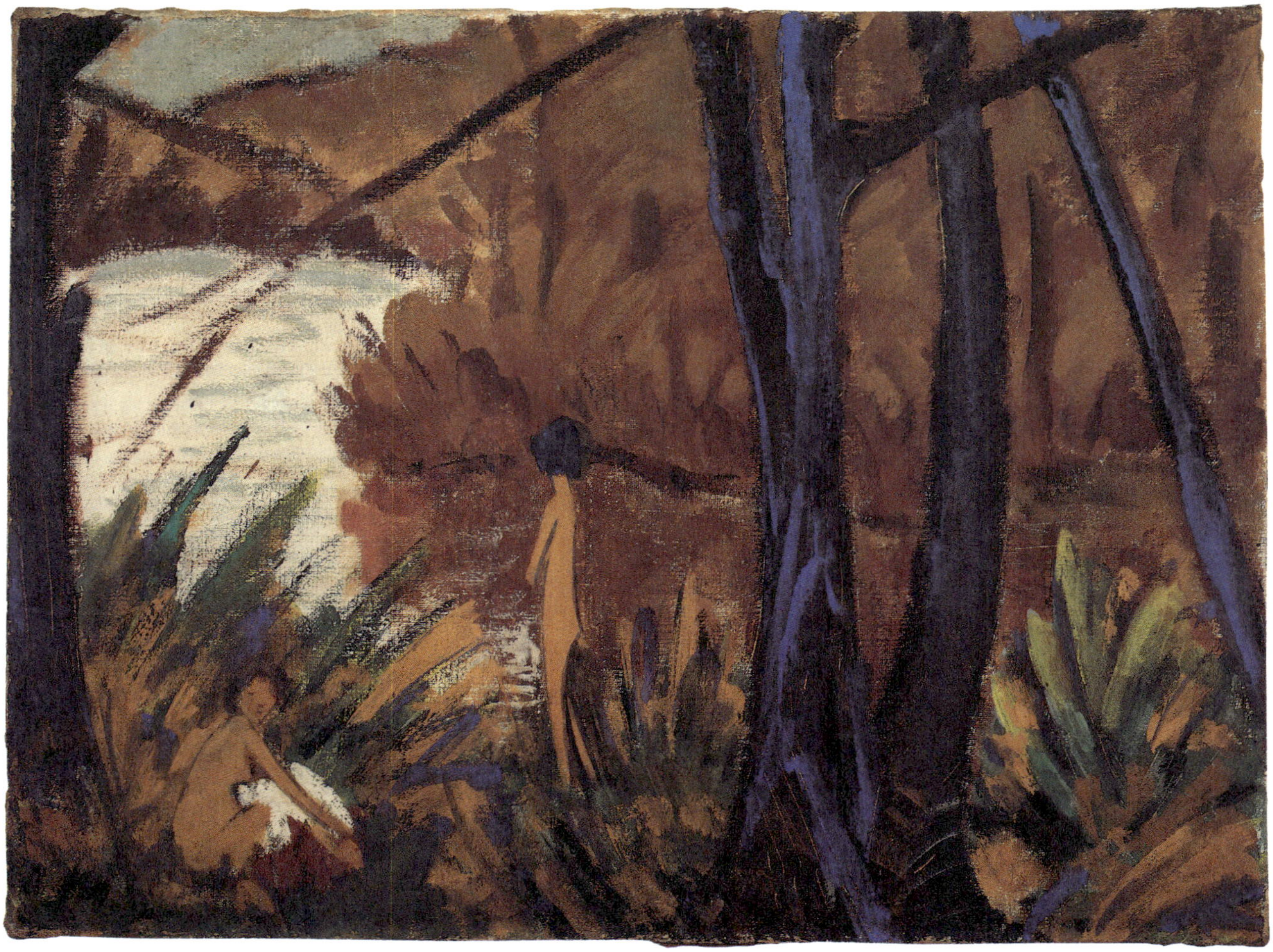

Otto Mueller
Waldsee mit zwei Akten, um 1915
Leimfarben auf Rupfen
80 x 105.5 cm
Monogrammiert unten links: O.M.
signiert auf der Rückseite: Otto Mueller
Inv.-Nr. SG 128

Von rechts nach links, in umgekehrter Leserichtung, öffnet sich ein Bildraum, der eine Badeszene mit zwei Akten freigibt. Wie ein Bild im Bild erleben wir diese intime Szenerie. Der Binnenrahmen wird sowohl durch den angeschnittenen Baum an der linken Bildkante wie auch durch das dunkelblau leuchtende Ensemble von Baumstämmen rechts aufgebaut.
Der Betrachter ist hier heimlicher Beobachter dieser ruhevollen Szenerie, in der Akt und Landschaft eins zu sein scheinen. Offensichtlich stört sein Blick diese Harmonie, da die Person links mit direktem Blick bildauswärts, in Richtung des Betrachter-Standpunkts schaut.
Ihre Freundin hingegen ist gefangen von der Schönheit der Landschaft, der sie sich mit ihren Sinnen hingibt. T.B.

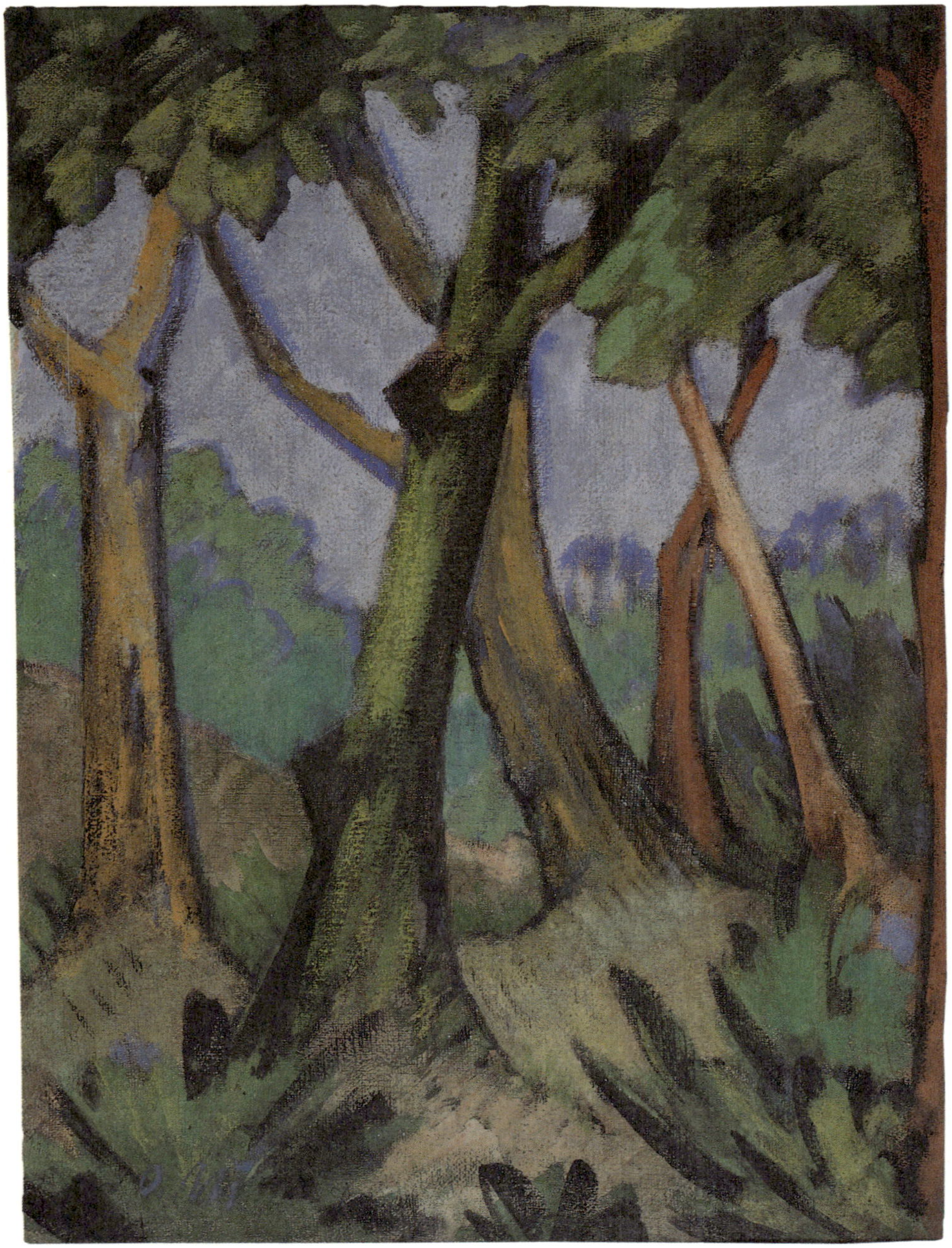

Otto Mueller
Wald I, um 1925
Leimfarbe auf Rupfen
105 x 77.5 cm
Monogrammiert unten links: O.M.
Inv.-Nr. SG 129

»Seine Landschaftsbilder sind wie eine Beschwörung der absoluten Ruhe der Natur. Man hört aus ihnen kein Wipfelrauschen, kein Wettergrollen, keinen Wellenschlag. Nichts regt sich – es herrscht… die tiefe atemlose Stille des ersten Schöpfungstages« (Buchheim).

Die Sachlichkeit der sommerlichen Waldlandschaft wird von Mueller durch die Wahl der Leimfarbe und des Rupfens als Malgrund betont. Ohne figürliche Staffage erfolgt die räumliche Strukturierung des Bildes durch eine bewußt farbperspektivisch angelegte Gestaltung der teilweise als ornamentales Netz ausgebildeten Bäume, deren Laubwerk im oberen Bildteil ineinander übergeht und zur Einheit verschmilzt. M.S.

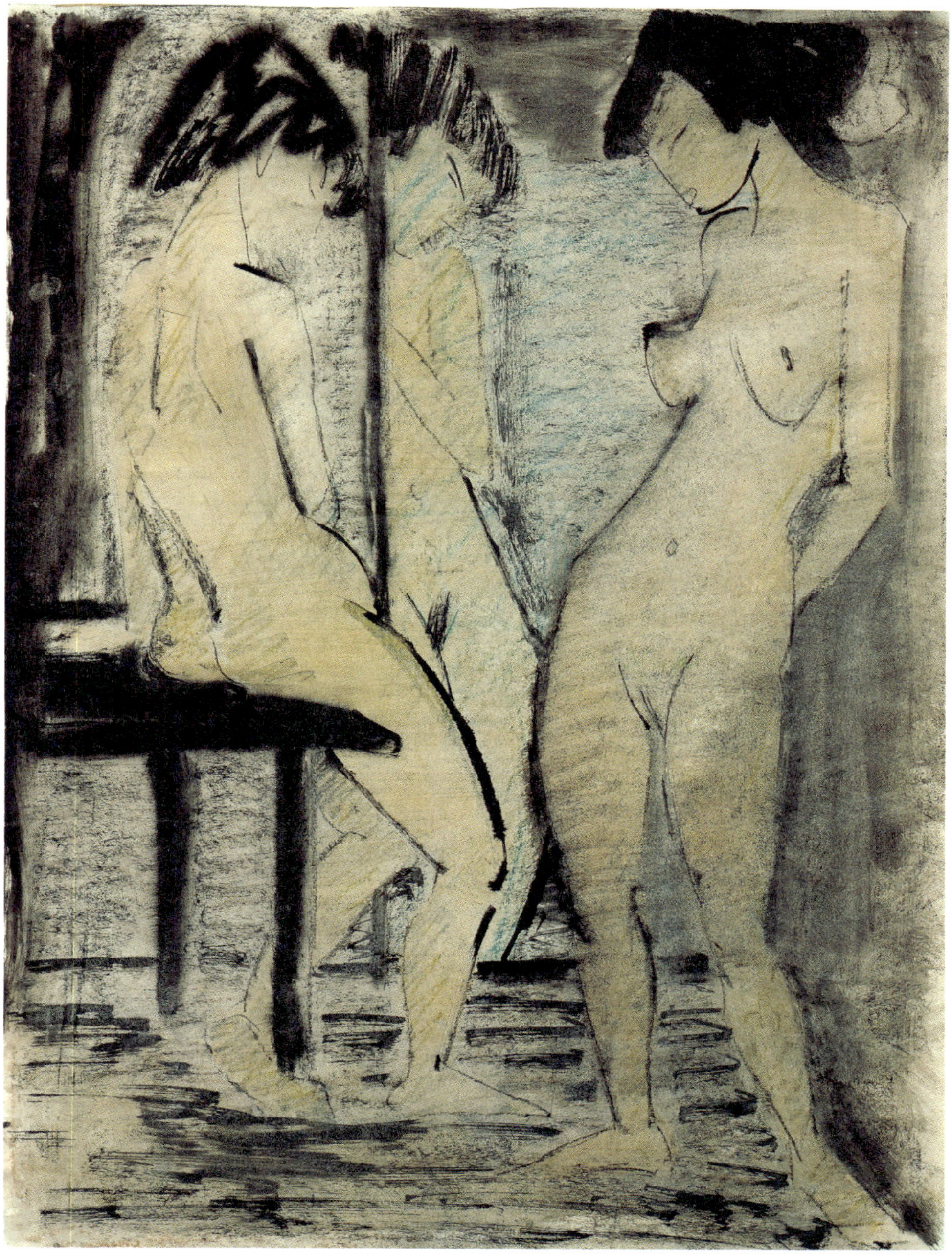

Otto Mueller
Drei Akte (Zwei Mädchenakte vor Spiegel), um 1925
Aquarell und Kreide
69 x 50 cm
Unbezeichnet
Inv.-Nr. A 20/49

Mit sparsamen Mitteln erreicht Mueller eine Darstellung voll erotischer Zartheit und subtilem Hintersinn: In einem nur durch Spiegel und Tisch definierten Innenraum befinden sich zwei junge unbekleidete Mädchen, von denen eine auf dem Tisch sitzend, die Arme schamvoll vor der Brust verschränkt, dem Betrachter ihren Rücken zuwendet, dabei jedoch mittels Spiegelbild ihre durch den Spiegelrahmen angeschnittene nackte Vorderansicht darbietet. Der zweite mädchenhaft grazile Akt steht im rechten Vordergrund mit dem Rücken an die Wand gelehnt und verdeckt damit sein mögliches Spiegelbild. Beide Figuren haben mehr zeichenhaft als individuell geprägte Gesichtszüge, und tragen den für Muellers Frauendarstellungen typischen schwarzen Pagenkopf. M.S.

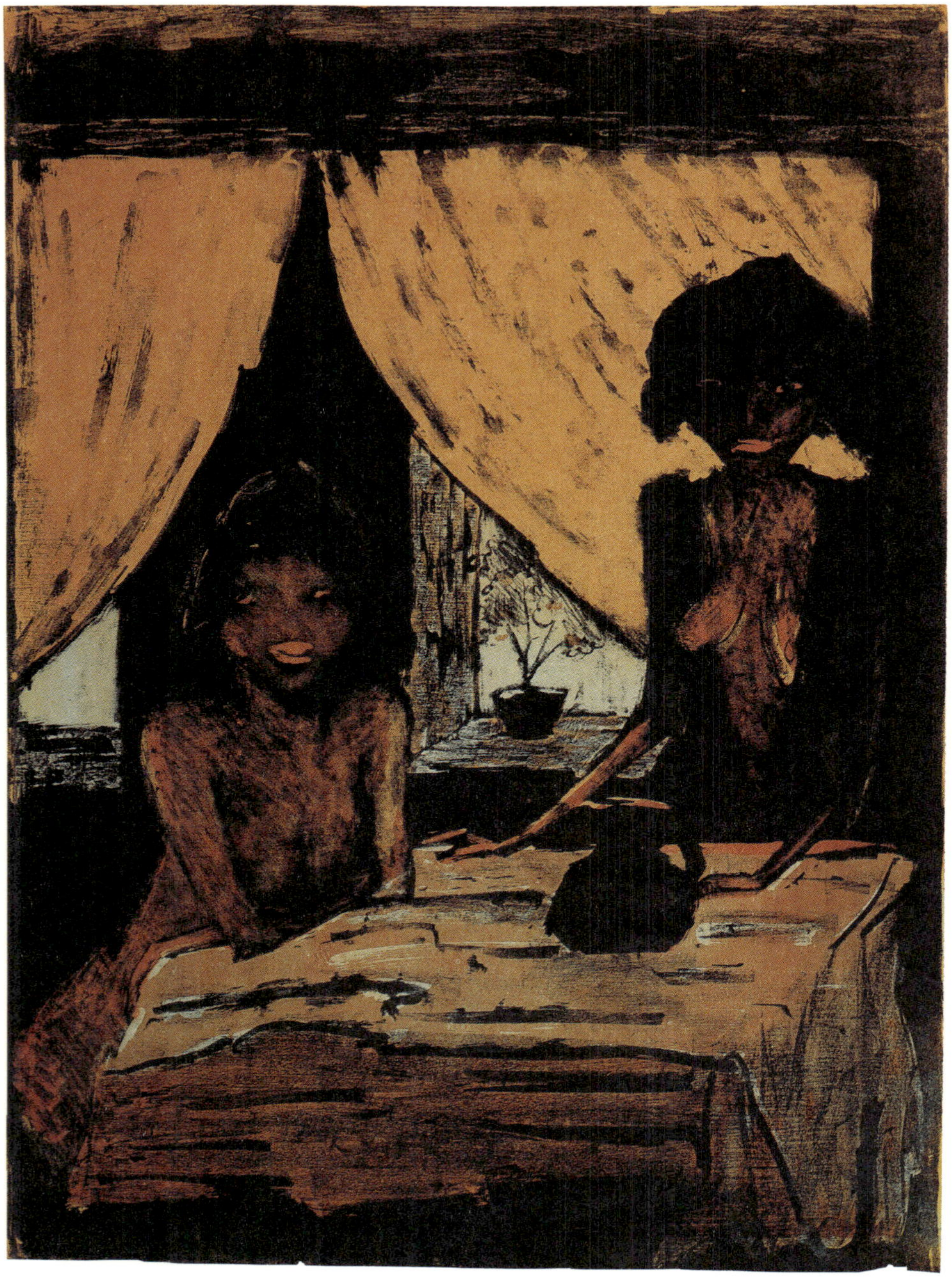

Otto Mueller
Zwei Zigeunermädchen im Wohnraum, 1926/27
Farblithographie
69.3 x 50.3 cm (Stein)
70.3 x 50.3 cm (Blatt)
Blatt aus der 9 Blätter umfassenden Mappe Zigeuner, Auflage 60 Exemplare
Nachlaß-Stempel auf der Rückseite unten rechts
Inv.-Nr. A 43/57

»Es sind nicht nur Gesichter von Zigeunern, es sind Gesichter, von betörend geheimnisvollen Reiz, süß und herb in einem. Gesichter, in denen das Seelische noch nicht differenziert, sondern als starker Besitz akkumuliert ist und deren barbarische Simplizität eine Zuflucht aus allem Zivilisatorischen bietet« (Schmalenbach, 1956, 6).
Gegen Ende seines Lebens fühlte sich Otto Mueller stark vom Volk der Zigeuner angezogen und weilte, wie Horst Jähner formulierte, »ähnlich wie Gauguin bei den Tahitianern als einer der ihren unter ihnen«. Mueller interessierte sich für ihr »Anderssein«, für das ungebundene, scheinbar so freie Leben des fahrendes Volkes. In zahlreichen Variationen hat er die Schönheit und Würde der Zigeuner festgehalten. Seine »Zigeuner-Mappe« kommt dabei einem biographischen Roman gleich, denn sie ist das künstlerische Ergebnis seiner langen und intensiven Beobachtungen. Dabei stellt die Mappe keinen Bilderzyklus dar, sondern jedes der auf unterschiedlich getöntem Papier hergestellten Blätter existiert für sich. Das Blatt »Zwei Zigeunermädchen im Wohnraum« präsentiert eine seltsam melancholische Stimmung, verweist es doch auf die Versuche eines »Seßhaftwerdens« des freiheitliebenden Volkes. M.S.

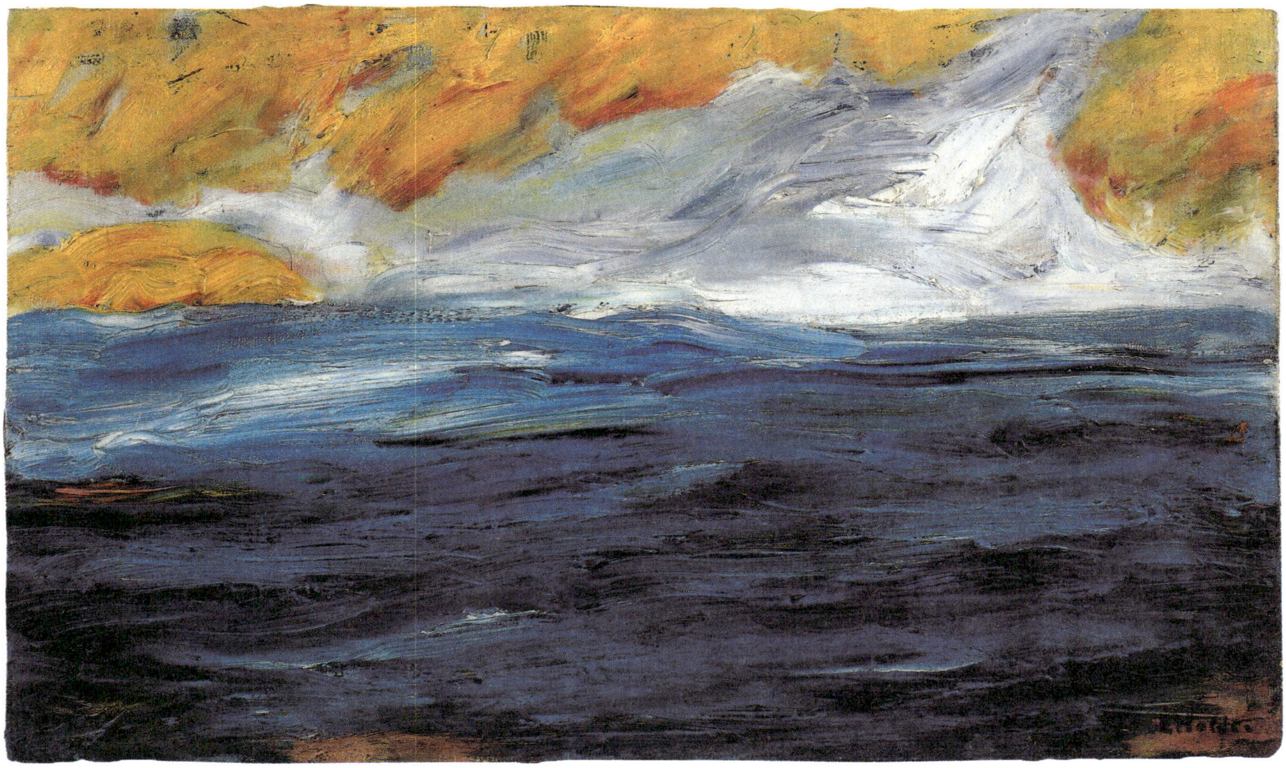

Emil Nolde
Herbstmeer I, um 1910
Öl auf Leinwand
39.5 x 65 cm
Signiert unten rechts: E Nolde
Inv.-Nr. SG 135

»Oft stand ich am Fenster, lange schauend, sinnend über das Meer hinaus. Nichts war da, als nur das Wasser und der Himmel. Keinen Laut hörte ich, als nur zuweilen traumhaft das ganz leise Plätschern der Wellen gegen die Strandsteine« (Nolde).
Das Meer gehörte zu den großen Naturerlebnissen des Einzelgängers Nolde, der nur kurze Zeit der Künstlergruppe »Brücke« angehörte. Sein Bretteratelier auf Alsen lag unmittelbar am Strand, kaum zwanzig Schritte vom Meer entfernt. Hier begann er auch die zwanzig Bilder umfassende Serie der »Herbstmeere«, von denen das unserige den Anfang bildete. Mit breitangelegtem Pinselstrich und pastosem Farbauftrag hat Nolde die bildbestimmenden Motive bezeichnet und zur Einheit verschmolzen – das tiefblaue Meer und den mit zerrissenen Wolkenfetzen durchzogenen Himmel, der gelb und rötlich durch die im Meer versinkende Sonne erstrahlt. Die letzten Lichter der untergehenden Sonne spiegeln sich dabei in irisierenden Reflexen auf den Wogen wider. M.S.

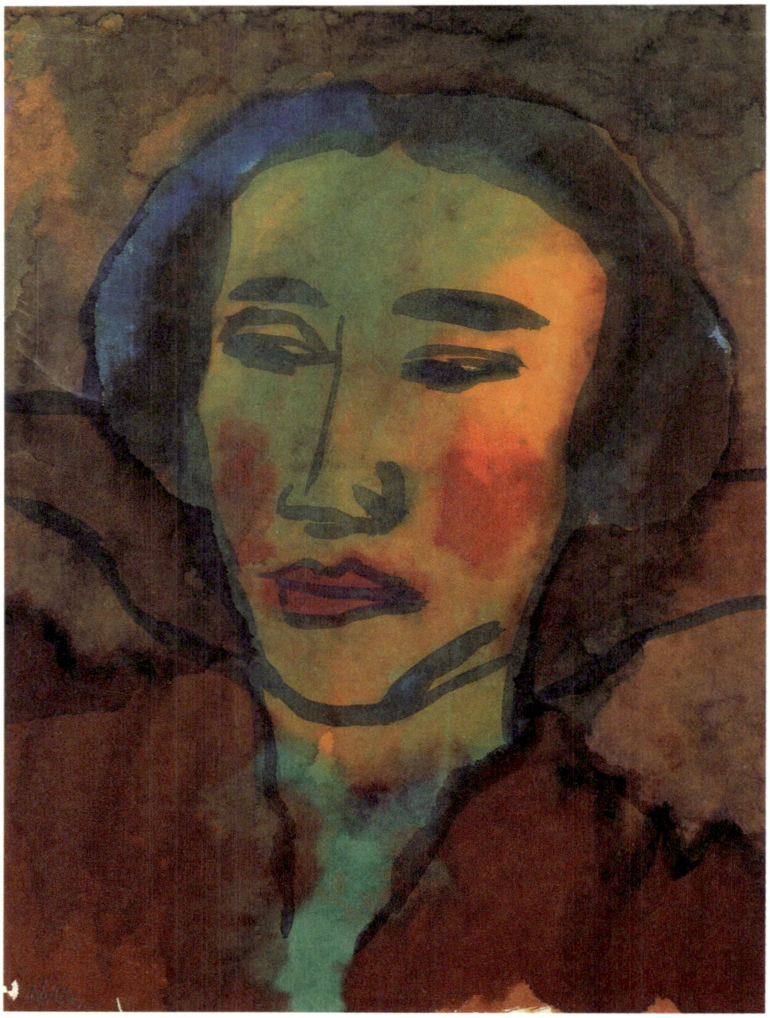

Emil Nolde
Malaienkopf, 1914
Aquarell
46.5 x 35 cm
Signiert unten links: Nolde
Inv.-Nr. SG 138

»Meine Farben flossen hin über das Papier vom Moment und dem Willen diktiert. Manchmal bemerkten die Männer, was ich machte, manchmal wohl auch nicht. Es war herrlich, alles, was mir vor die Augen kam« (Nolde).

Das ausdrucksstarke, in warm leuchtenden Valeurs gehaltene Aquarell entstand während Noldes Reise durch die Inselwelt Indonesiens. In spontaner Umschreibung mit dem Tuschpinsel und einem freien Farbauftrag in der von ihm bevorzugten Naß-in-Naß-Technik auf saugfähigem Japanpapier hat der Künstler die wesentlichen Gesichtszüge, den Stolz und die Würde seines mandeläugigen, exotischen Modells erfaßt. M.S.

Emil Nolde
Heißer Wind, 1915
Öl auf Leinwand
72.5 x 89 cm
Signiert unten rechts: Emil Nolde
Inv.-Nr. SG 136

»Alle freien phantastischen Bilder dieser Zeit, die ich malte, und auch später, entstanden ohne irgendwelches Vorbild oder Modell, auch ohne festumrissene Vorstellung. Ganz gut konnte ich mir ein Werk bis ins kleinste Detail vorstellen und zwar meistens viel schöner, als nachher es gemalt werden konnte – ich war zum Kopisten der Vorstellung geworden. Deshalb gern mied ich alles Sinnen vorher, eine vage Vorstellung nur in Glut und Farbe genügte. Unter der Hände Arbeit entwickelte sich das Werk«
(Nolde).
Die Immaterialität des Nolde inspirierenden Bildsujets – »Heißer Wind« – wurde von ihm in Form eines dunkeltonigen Farbensturmes auf die Leinwand gebannt und vermittelt dem Betrachter auf augenscheinliche Weise das Flirrende und Hitzige eines Tropensturmes. Mit dieser weitgehend abstrahierenden Bildfindung hat Nolde die informelle Malerei der Nachkriegszeit vorweggenommen. M.S.

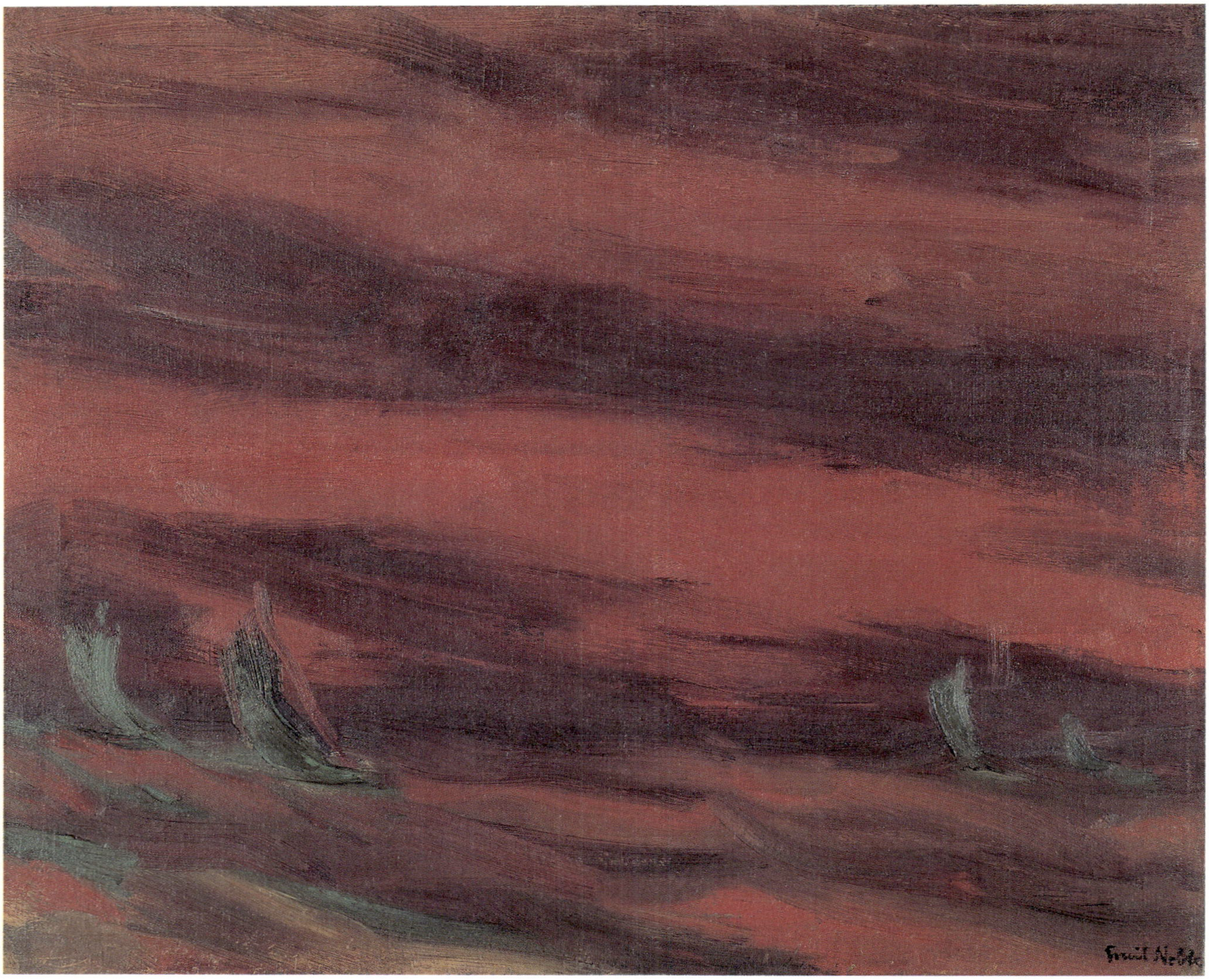

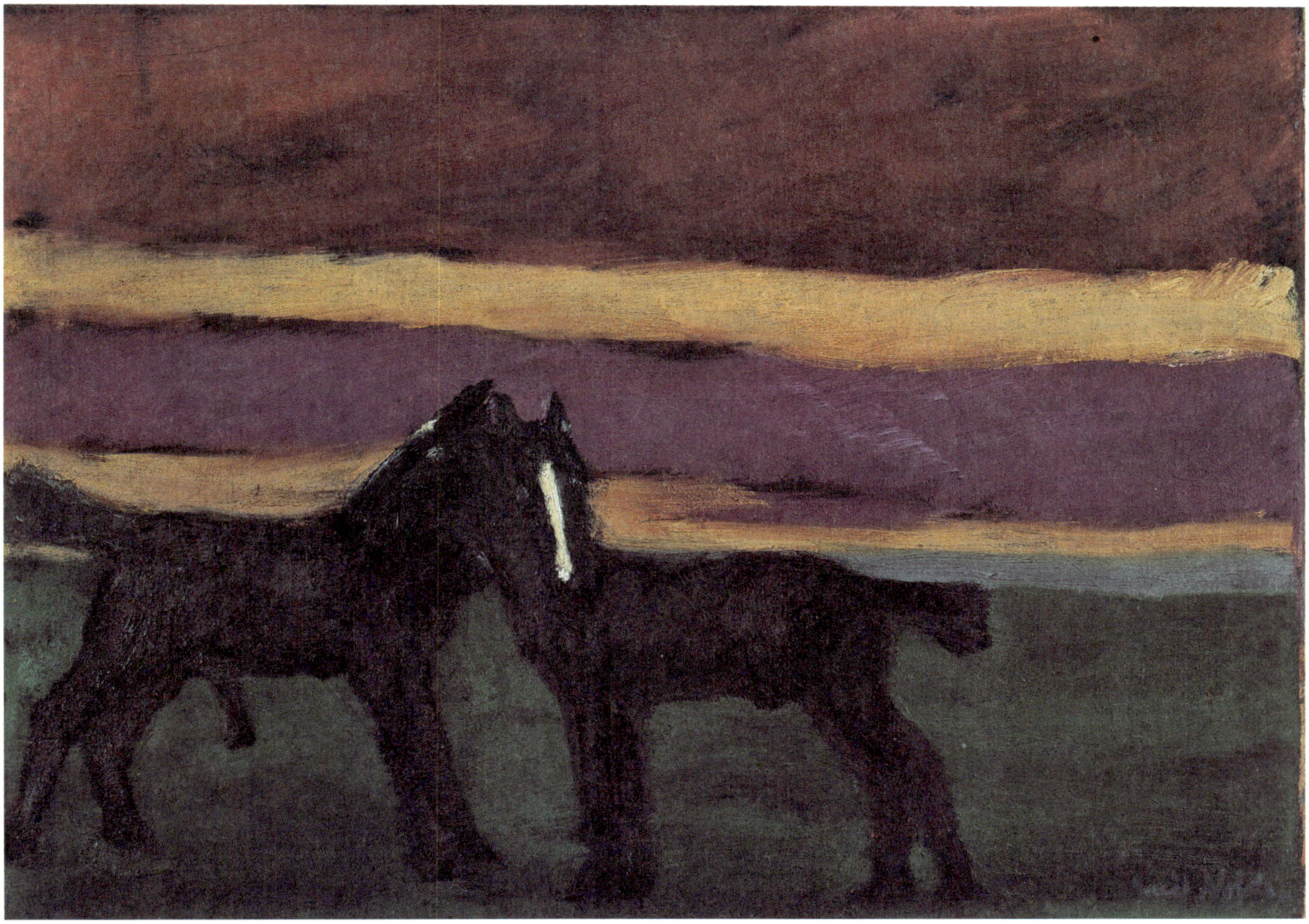

Emil Nolde
Junge Rappen, 1916
Öl auf Leinwand
73 x 100 cm
Signiert unten rechts: Emil Nolde
Inv.-Nr. SG 137

»Wenn die Bodennähe im romantisch phantastischen Schaffen mir zu verschwinden schien, stand ich suchend wieder vor der Natur, Wurzeln in die Erde versenkend und demütig in vertiefendem Sehen«
(Nolde).
Noldes Faszination durch die heimatliche nordische Landschaft wie auch die Identifikation mit der bäuerlichen Herkunft waren für ihn von eminenter Bedeutung und Teil des sich in seinen Bildern widerspiegelnden Ursprünglichkeitsmythos. Das Bild der jungen Rappen im Liebesspiel ist vermutlich in Ruttebüll (Westschleswig) entstanden, wo Nolde seit 1912 ein kleines Bauernhaus, sein »Utenwarf« besaß. In seiner horizontalen Gliederung erfaßt das Gemälde nicht nur die weiträumige Marschlandschaft mit den beiden jungen Pferden, sondern auch den scheinbar ins Unendliche reichenden, abendlich gestimmten Himmel und verleiht dabei dem Ganzen eine zeitlose Größe.
M.S.

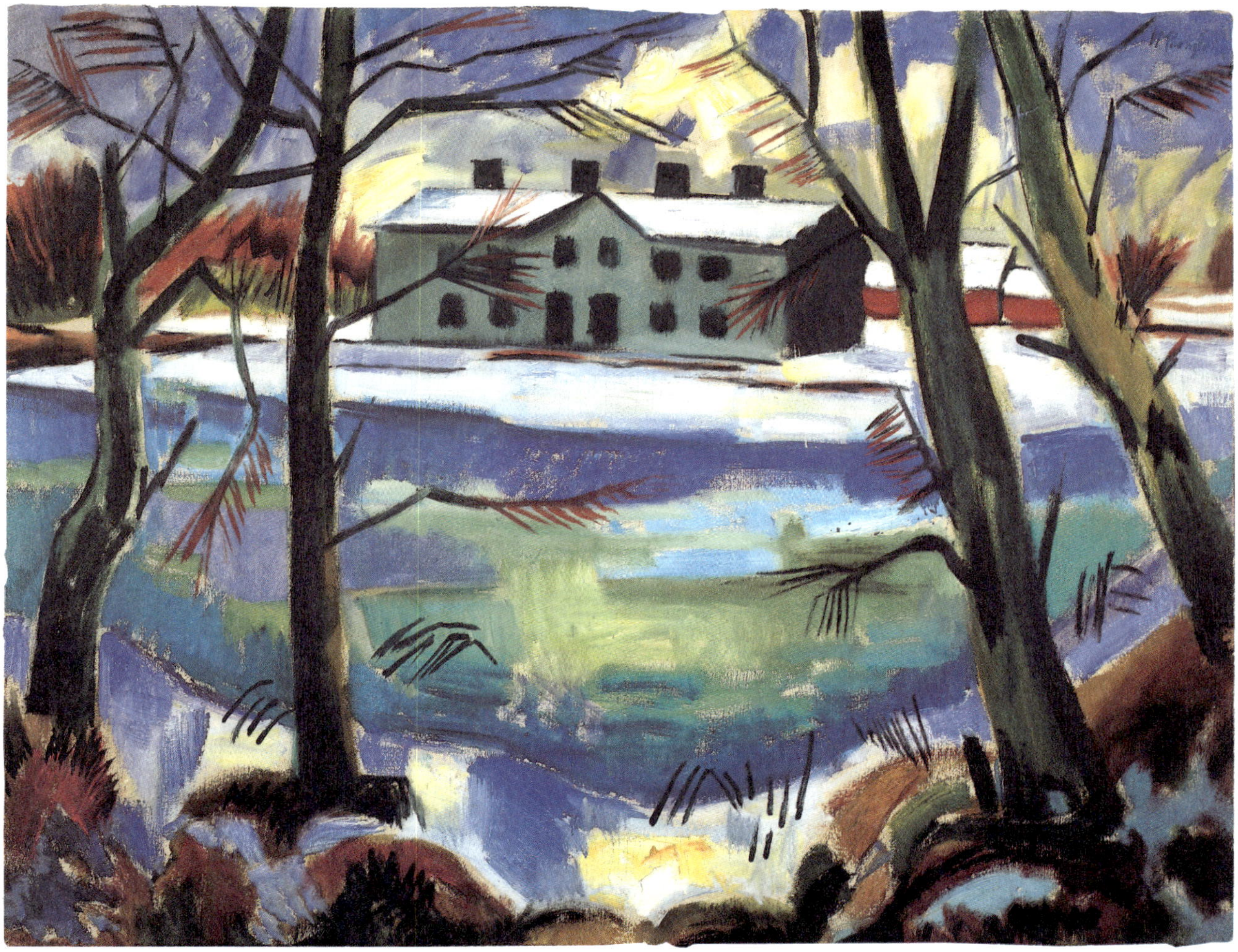

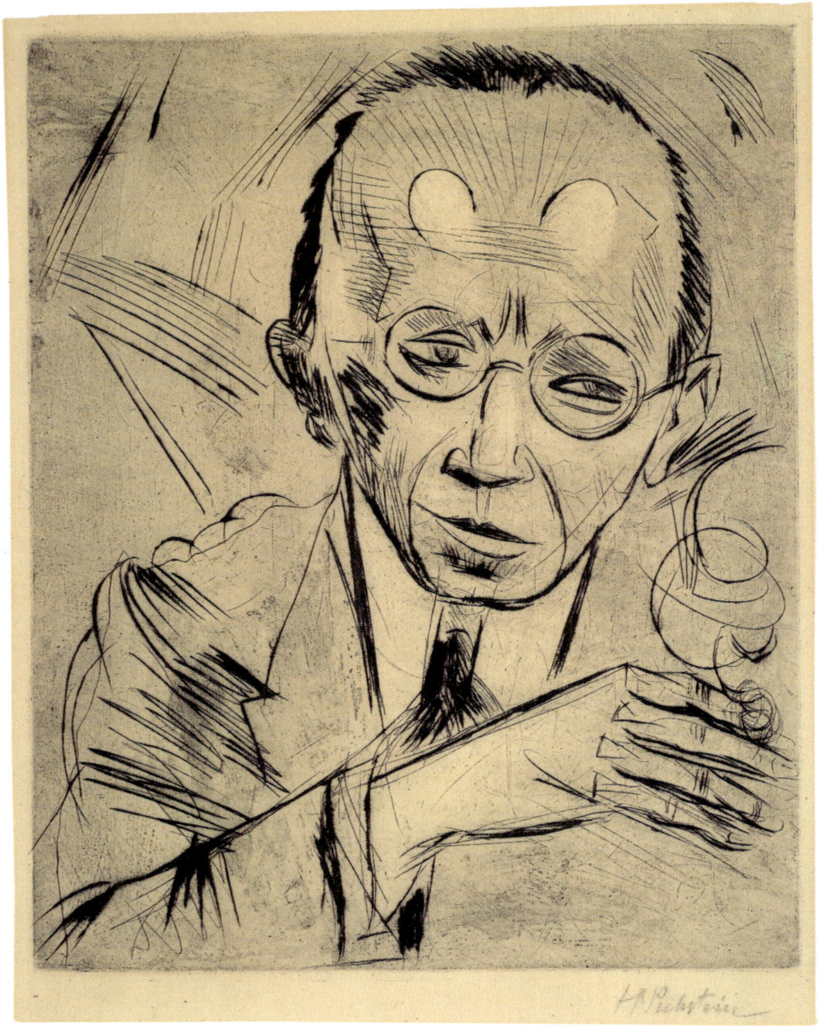

Max Pechstein

Kritiker (Dr. Paul Fechter), 1921
Kaltnadelradierung
39.8 x 31.5 cm (Platte)
46.8 x 34.5 cm (Blatt)
Blatt 10 aus der 2. Mappe des
Kreises Graphischer Künstler und Sammler,
Jahresgabe 1921.
Exemplar 12/100
Signiert unten rechts: HM Pechstein
Inv.-Nr. SG 148

Max Pechsteins Bildnis des einflußreichen Kunst-, Literatur- und Theaterkritikers Paul Fechter (1880-1958) gehört in die Reihe der weniger auf ein Abbild als eher auf eine Charakterisierung tendierende, expressionistische Porträtkunst. Fechter, einer der theoretischen Kämpfer für die expressionistische Kunst und zudem Verfasser des ersten Werkverzeichnisses von Pechsteins Graphikarbeiten (Berlin 1921), wurde vom Künstler als eine ihm vertraute Person in knappen, prägnanten Zügen erfaßt. Die hohe Stirn, die Denkerfalten und der skeptische Blick hinter der Brille weisen Fechter als einen Intellektuellen aus, dem die Zigarette in der Hand weniger ein Genußmittel, als eine Konzentrationshilfe zu sein scheint. M.S.

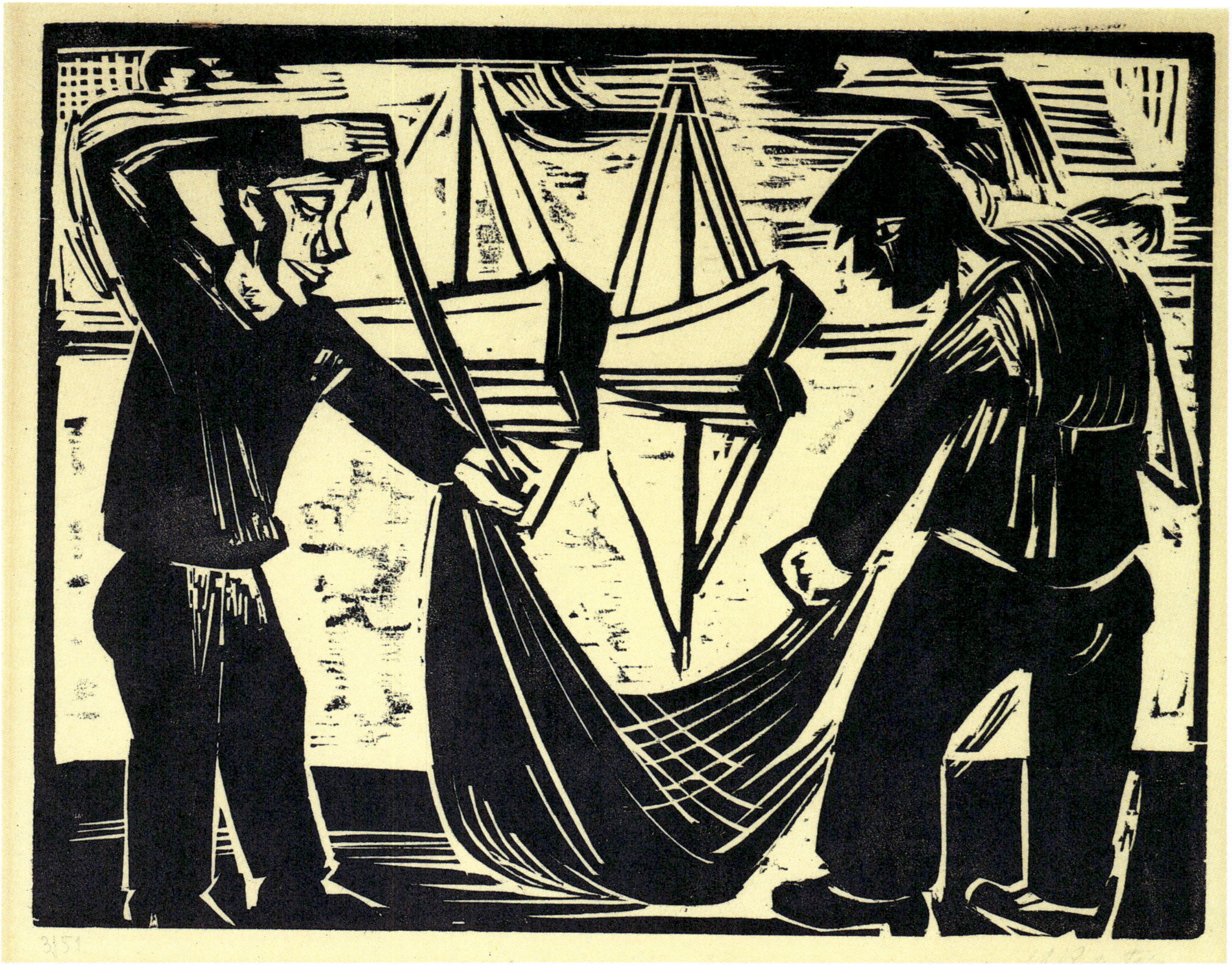

Max Pechstein
Zwei Fischer mit Netz, 1923
Holzschnitt
Abzug 3/51; Stock: 31.5 x 39.7 cm;
Blatt: 50 x 60 cm
Im Stock nicht bezeichent, handschriftlich signiert unten rechts: HM Pechstein
Inv.-Nr. A 18/57

Besondere Bewunderung empfand Max Pechstein für das einfache Leben der Küstenbewohner, daß er in Leda an der Ostsee studierte, wo er sich seit 1922 niedergelassen hatte. Jede Tätigkeit von der Ausfahrt bis zur Heimkehr, wie in dem hier gezeigten Holzschnitt, hielt der Künstler in einer Serie von Blättern fest. Zwei Fischerfiguren werden als schwarze Flächen bildparallel in den Vordergrund gesetzt, dahinter eröffnet sich die stille See, mittig postiert erkennt man zwei Kähne. Der Holzschnitt wirkt durch den Kontrast dieser schwarzen und weißen Flächen.

»Das Zusammenspiel von Küste, Dünen und Meer, den sich an dieser Naturgrenze abspielender Lebenskampf der Fischer erfaßte er in knappen, gültigen Zeichen, die über die Metapher hinausgehen« (Schilling). A.F.

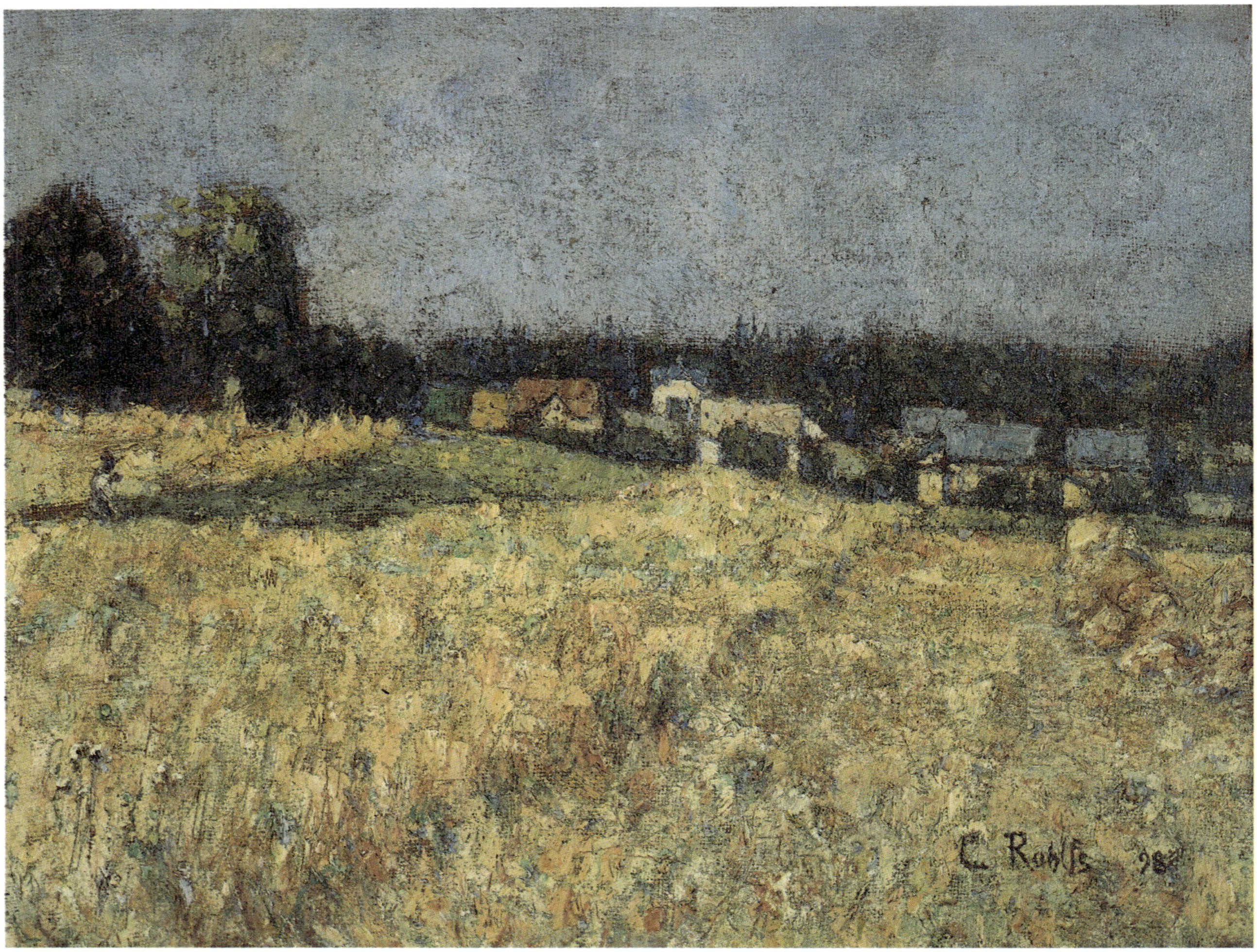

Christian Rohlfs
Hochsommer, 1898
Öl auf Leinwand
47.8 x 62 cm
Signiert und datiert unten rechts:
C. Rohlfs, 98
Inv.-Nr. A 26/57

Das Gemälde »Hochsommer« steht am Ende einer zwei Jahrzehnte andauernden Auseinandersetzung mit den atmosphärischen Erscheinungen der Natur und ihrem bildlichen Nachvollzug. Hier zeigt Christian Rohlfs eine fast die Hälfte des Bildes einnehmende Aufsicht auf ein sommerliches Feld. Eine leicht diagonal gestellte Häuserkette am Horizont liegt hell vor dem dunklen geraden und nahezu abgeschnitten wirkenden Waldrand, bevor der lichte Himmel das Bild abschließt. Rohlfs, seit 1870 in Weimar beheimatet, gehörte an der dortigen Akademie zu den progressiven Landschaftsmalern. Nach traditionellen Anfängen mit historischen Themen widmete er sich der Naturbeobachtung und der Freilichtmalerei. Die romantische andschaftsauffassung des vom Realismus geprägten 19. Jahrhunderts war zu einem Endpunkt gelangt und bereits bei Liebermann, Slevogt und Corinth setzt das Interesse an Licht- und Schattenwirkungen und deren Umsetzung in der Malerei ein. Die Erkenntnis, daß die Realitätserscheinung von der Lichterscheinung abhängig ist und Farben in verschiedenen Lichtverhältnissen unterschiedlich wirken, wurde in der Folge besonders von den französischen Impressionisten vertreten. Diese Auffassung wird am deutlichsten in der impressionistischen Malerei eines Claude Monet, dessen Arbeiten Rohlfs 1890 auf der »Permanenten – Kunstausstellung« in Weimar kennenlernte. Dennoch stellen Rohlfs Arbeiten keine direkte Übernahme der französischen Bildfindung dar, sondern vielmehr eine Integration dieser Neuerung in die realistische Tradition der deutschen Malerei. Obwohl Rohlfs sich in der ausschnitthaften Darstellung des Sujets und dem »patzigen« (Vogt) Farbauftrag von der französischen Malerei inspirieren läßt, bleibt er dem dinglichen Gegenstand verbunden. In dem Gemälde »Hochsommer« ahmt Rohlfs durch den pastosen Farbauftrag Strukturen der Landschaft nach, d.h. die Farbe bleibt für Rohlfs vom Objekt abhängig und ist nicht eigenständig. Nicht das Licht, sondern die Farbe sind bei Rohlfs bildprägend. Helle Farbe, die Rohlfs pastos aufträgt, bedeutet Licht. Aber anders als bei den Franzosen, die Licht nur immateriell darstellen, ist nicht Atmosphäre, sondern Abbildung einer lichtbeschienenen Landschaft Thema des Gemäldes. A.F.

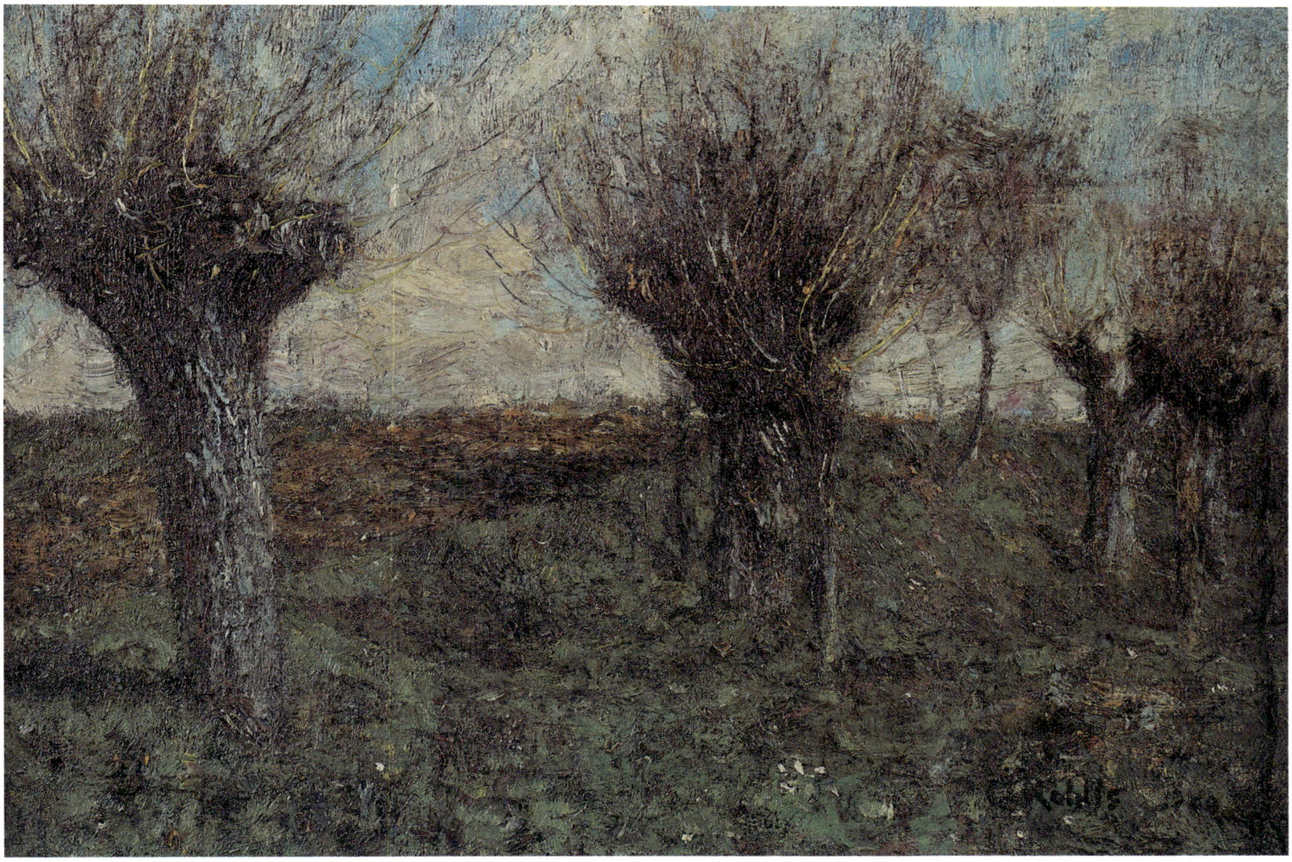

Christian Rohlfs
Landschaft mit Weiden, 1900
Öl auf Leinwand
47.8 x 69 cm
Signiert und datiert unten rechts:
C. Rohlfs, 1900
Inv.-Nr. A 80/57

Die Landschaft um Weimar bot für Christian Rohlfs ein nie enden wollendes Repertoire an Motiven. Die Ölfassungen seiner Studien vor der Natur entstanden im Atelier, da der Künstler bei seinen Aufenthalten im Freien seit 1873 durch seine Beinamputation gehandikapt war. Wie die französischen Impressionisten, die die Landschaft unter dem Einfluß von Licht, Farbe und Atmosphäre erfassen wollten, widmete sich Rohlfs zum Ende des 19. Jahrhunderts der Abhängigkeit der Farben von den Lichtverhältnissen. In »Landschaft mit Weiden« sind unterschiedlichste Farbpunkte dicht neben- und übereinander aufgetragen, so daß der Hintergrund durch eine pastos aufgetragene changierende Farbschicht gebildet wird, die jeglicher Dinglichkeit entsagt. Vor den Augen entsteht ein Farbflimmern. Diese Darstellung ist nur noch durch die perspektivische Positionierung der Weiden als Landschaftsausschnitt erkennbar. Der Künstler bleibt somit trotz starker Beschäftigung mit den atmosphärischen Werten der Landschaft, der abbildenden Tradition verbunden. Innerhalb von Rohlfs' Schaffen nimmt dieses Gemälde eine Mittelposition zwischen der Nachahmung von Gegenständlichkeit und bildautonomer Abstraktion ein. A.F.

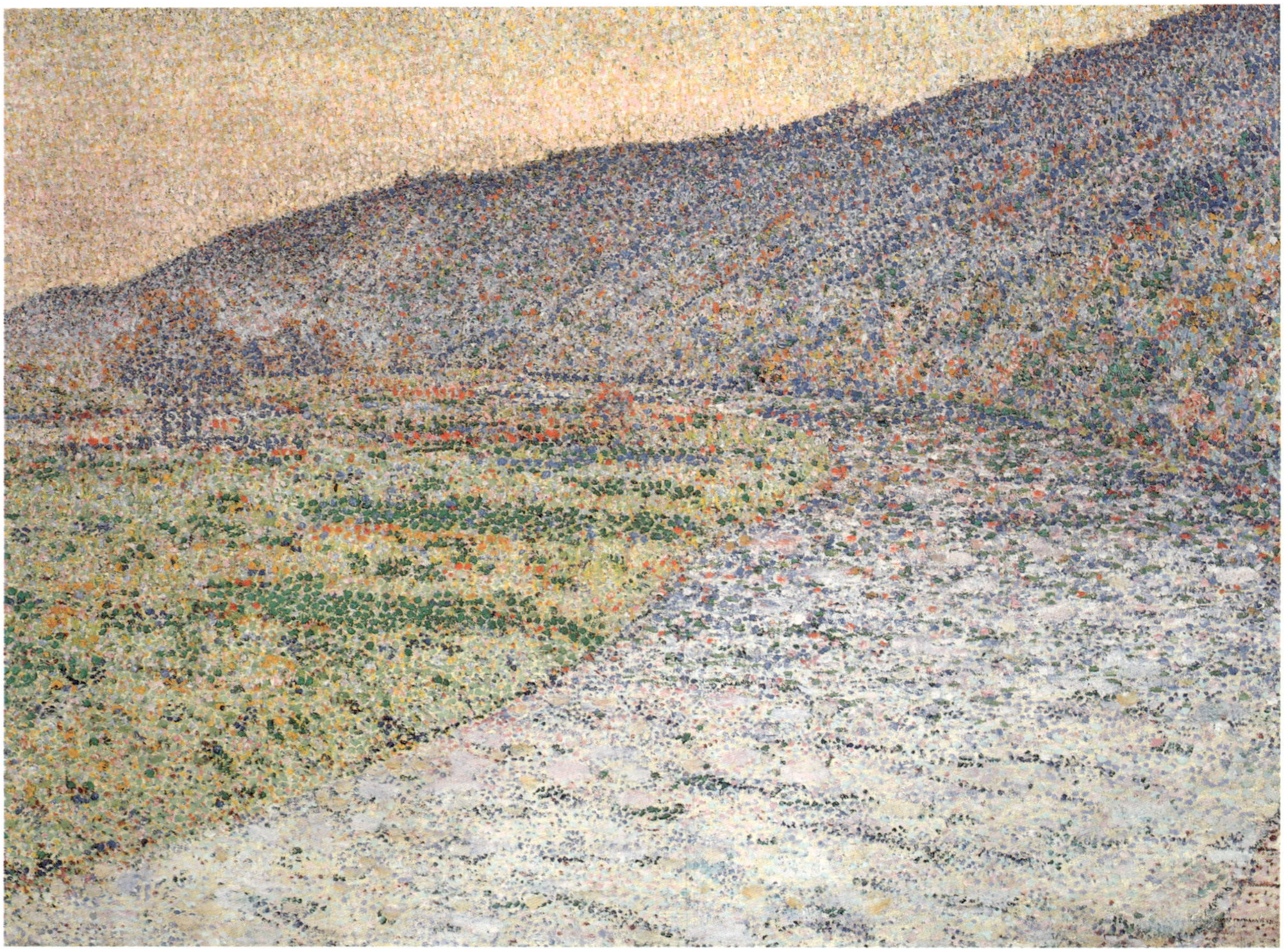

Christian Rohlfs
Das Ruhrtal bei Herdecke (Hügelige Landschaft oder Im Ruhrtal), um 1902
Öl auf Leinwand
73.5 x 98.7 cm
Signiert und datiert unten rechts: C. Rohlfs, 2
Inv.-Nr. A 81/57

Seit dem Herbst 1901 hält sich Rohlfs auf Einladung von Karl-Ernst Osthaus in Hagen auf. Dort lernt er die pointillistische Malerei von Seurat kennen und setzt sich in dem Gemälde »Das Ruhrtal bei Herdecke« mit dieser Technik auseinander. Die einzelnen Farbkomponenten des Bildes werden wie Farbreflektionen der Natur, die auf die Netzhaut treffen, punktartig auf die Leinwand gesetzt. Erst in der Betrachtung des Bildes verschmelzen, wie bei der Betrachtung eines Gegenstandes der Natur, die Farbpunkte zu einer visuellen Erscheinung. Durch diese Reflektion der Wahrnehmung, die nur noch die Existenz einzelner Farben akzeptiert, ist der Gegenstand der Landschaft zu einer Idee geworden. Die Farben haben sich fast vollständig von diesem Gegenstand gelöst und erscheinen auf der Leinwand in eigener Wertigkeit. Das Gemälde wird zu einer Erscheinung parallel zur Natur. A.F.

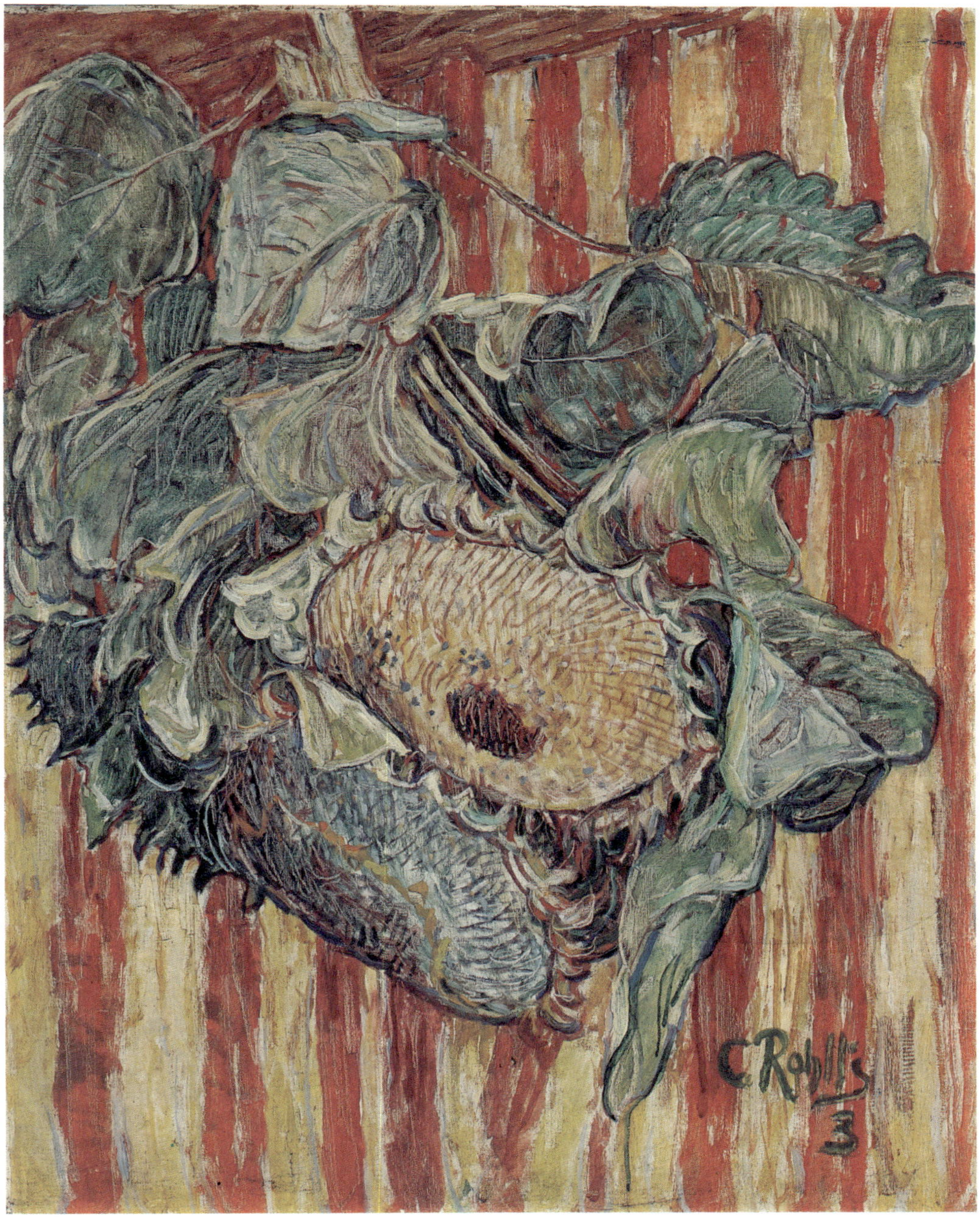

Christian Rohlfs
Sonnenblumen, 1903
Öl auf Leinwand
75.5 x 60 cm
Signiert und datiert unten rechts:
C. Rohlfs, 3
Inv.-Nr. A 83/57

An einer Decke angebracht stehen abgeschnittene Sonnenblumen unprätentiös von oben in das Bild hinein, als würden sie aus ihr heraus wachsen. Vor einer rot-gelb gestreiften Tapete heben sich die reifen Blüten ab. Ein flacher Hintergrund mit einer reduzierten Deckenperspektive verstärkt das Volumen der Blumen und läßt das Stilleben zu einer Huldigung der Pflanze werden. Zu diesem Zeitpunkt hat Christian Rohlfs die impressionistischen und pointillistischen Inspirationen in eine eigenständige Bildauffassung gewandelt. Nun nutzt er die Erkenntnisse, um seine eigene Intention zu veranschaulichen. Im Gegensatz zu van Gogh, der das Thema der Sonnenblumen kunstgeschichtlich belegt hat und Farbe und Form symbolisch nutzt, bleibt Rohlfs an der materiellen Erfahrung des Gegenstandes interessiert. Durch Reduzierung der bildkompositorischen Mittel und der genauen Kenntnis der Wirkung der Farbmaterie belebt er das Bild der Sonnenblumen, welche losgelöst von inhaltlicher Befrachtung für sich selbst erscheinen. A.F.

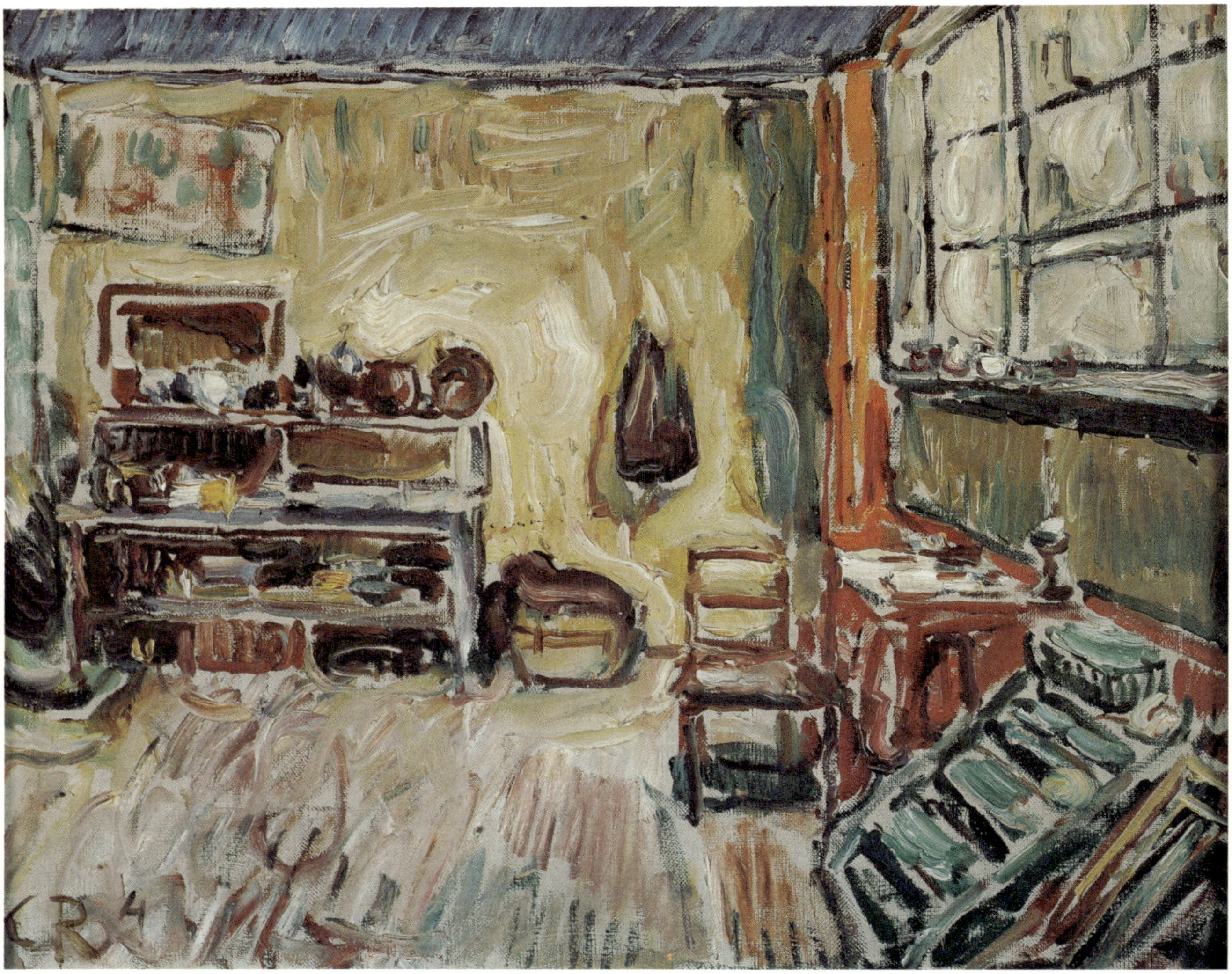

Christian Rohlfs
Das Atelier in Weimar, 1904
Öl auf Leinwand
46.5 x 57 cm
Signiert und datiert unten links: C.R. 4
Inv.-Nr. A 24/57

Seinem Weimarer Atelier blieb Christian Rohlfs auch nach seinem Wechsel nach Hagen verbunden. Im Frühjahr und Spätherbst 1904 war er hierhin zurückgekehrt und hatte in diesem Zusammenhang auch den norwegischen Künstler Edvard Munch kennengelernt. Da nur ein Selbstbildnis von Rohlfs existiert, kann das Atelierbild als eine fast gleichwertige Darstellung der Persönlichkeit des Künstlers gewertet werden. Der gestische Farbauftrag läßt Teile der Leinwand frei und integriert diese in das Bild. Auf einem Gemälde, daß die Produktionsstätte des Malers zeigt, wird das Bild als solches thematisiert. Was im Atelier geschieht, geschieht hier bewußt auf der Leinwand: Das Anmischen und Auftragen von Farben. Der räumliche Eindruck tritt zu Gunsten einer autonomen Farbwirkung zurück. Die Farbwerte erlangen mit immer stärker werdender Wirkung Eigenständigkeit als Stimmungsträger. A.F.

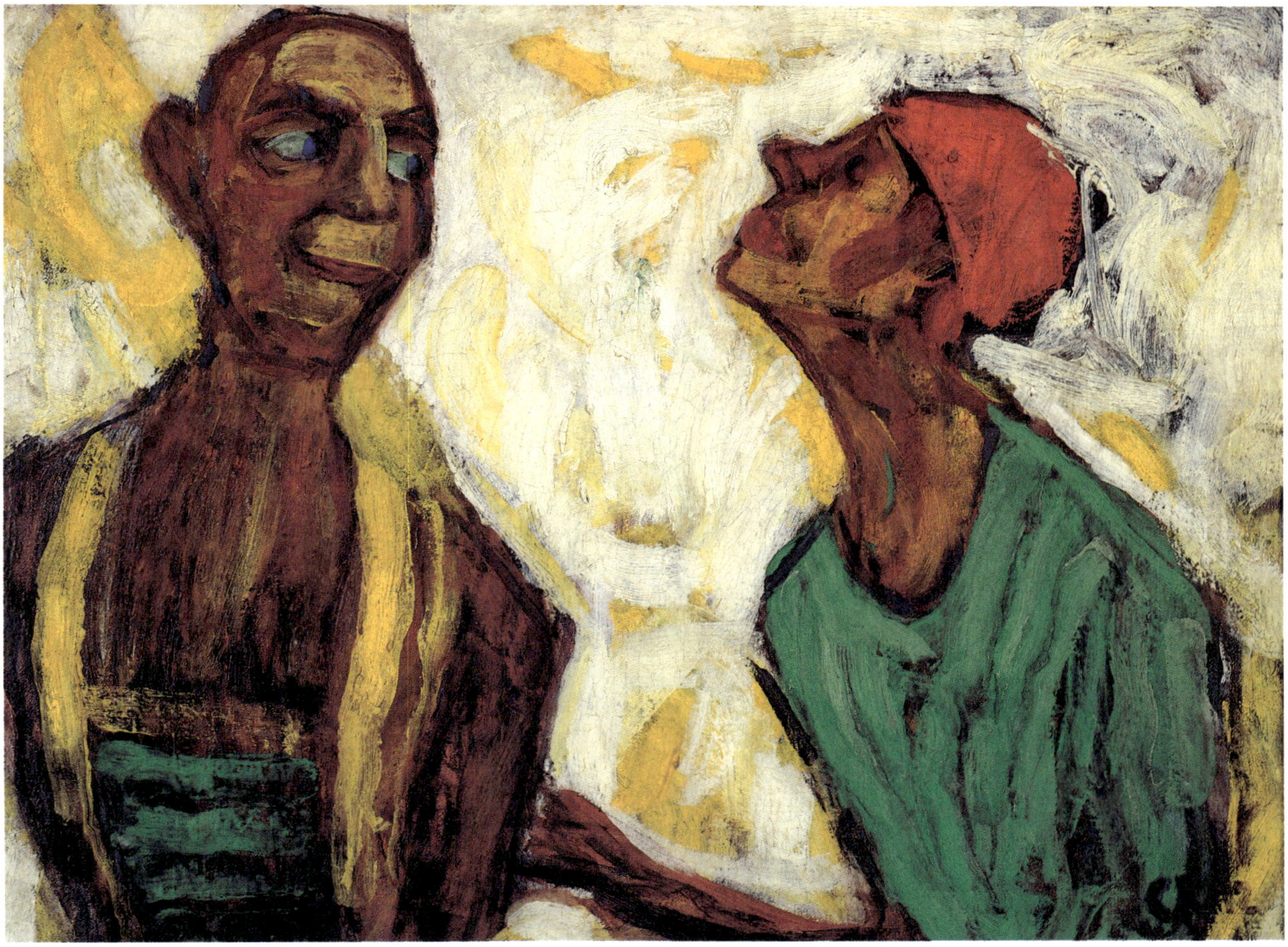

Christian Rohlfs
Clowngespräch, 1912
Tempera und Öl auf Leinwand
61.5 x 80.5 cm
Signiert und datiert unten rechts: C.R. 12
Inv.-Nr. A 25/57

Zwei starke Persönlichkeiten treffen aufeinander. Mit dem Farbtrias Rot-Gelb-Grün tritt Christian Rohlfs in diesem Gemälde als unbekannter Fabulierer auf. Nach der langen Beschäftigung mit Landschaften rückt hier die menschliche Figur in den Mittelpunkt der Betrachtung. Reduziert in ihrer Anatomie wird sie durch Farbe gestaltet. Der Künstler hatte durch die Bekanntschaft mit den »Brücke«-Künstlern bei einem Aufenthalt in München in seinem expressiven Farbgebrauch Bestärkung gefunden und setzt diesen jetzt im »Clowngespräch« um. Die beiden ruhig positionierten Halbfiguren erscheinen durch den gestischen Farbauftrag bewegt und beschwingt; wie auflodernde Flammen wirkt der mit breiten weißen Pinselstrichen übermalte gelbe Hintergrund. Die Clowns sind einander zugewandt. Die Augen wach aufgerissen, wirft die linke Person den Kopf in exaltierter Pose in den Nacken, wohl um seiner Erzählung, einer Posse oder einem Witz Nachdruck zu verleihen. Die rechte Figur ergreift mit der rechten Hand den Arm der Linken. Die Lippen sind rot und die weiße Clownschminke ist schon leicht verwischt oder verschwitzt. Geschildert wird demnach die Situation zweier Clowns nach einer anstrengenden, aufregenden Vorstellung. Das Bild stellt Interaktion dar. Akrobaten und Zirkusmenschen, als Außenstehende der Gesellschaft, waren in der Kunstgeschichte seit den barocken Darstellungen von Gnomen und Hofnarren bei Rubens über den melancholischen »Gilles« von Watteau bis zur sozialkritischen Ausdeutung bei de Goya, Manet und später Picasso wichtige Identifikationsfiguren. Ihre Lebensweise rebelliert gegen gesellschaftliche Normen und symbolisiert künstlerische Freiheit. »Denken wir uns Naturen, denen, aus irgendeinem Grunde, die öffentliche Zustimmung fehlt, die wissen, daß sie nicht wohltätig sind, als nützlich empfunden werden… sondern als ausgestoßen, unwürdig, verunreinigt. Alle solche Naturen haben die Farbe des Unterirdischen auf Gedanken und Handlungen… Aber fast alle Existenzen, die wir heute auszeichnen, haben ehemals unter dieser halben Grabesluft gelebt« (Nietzsche). A.F.

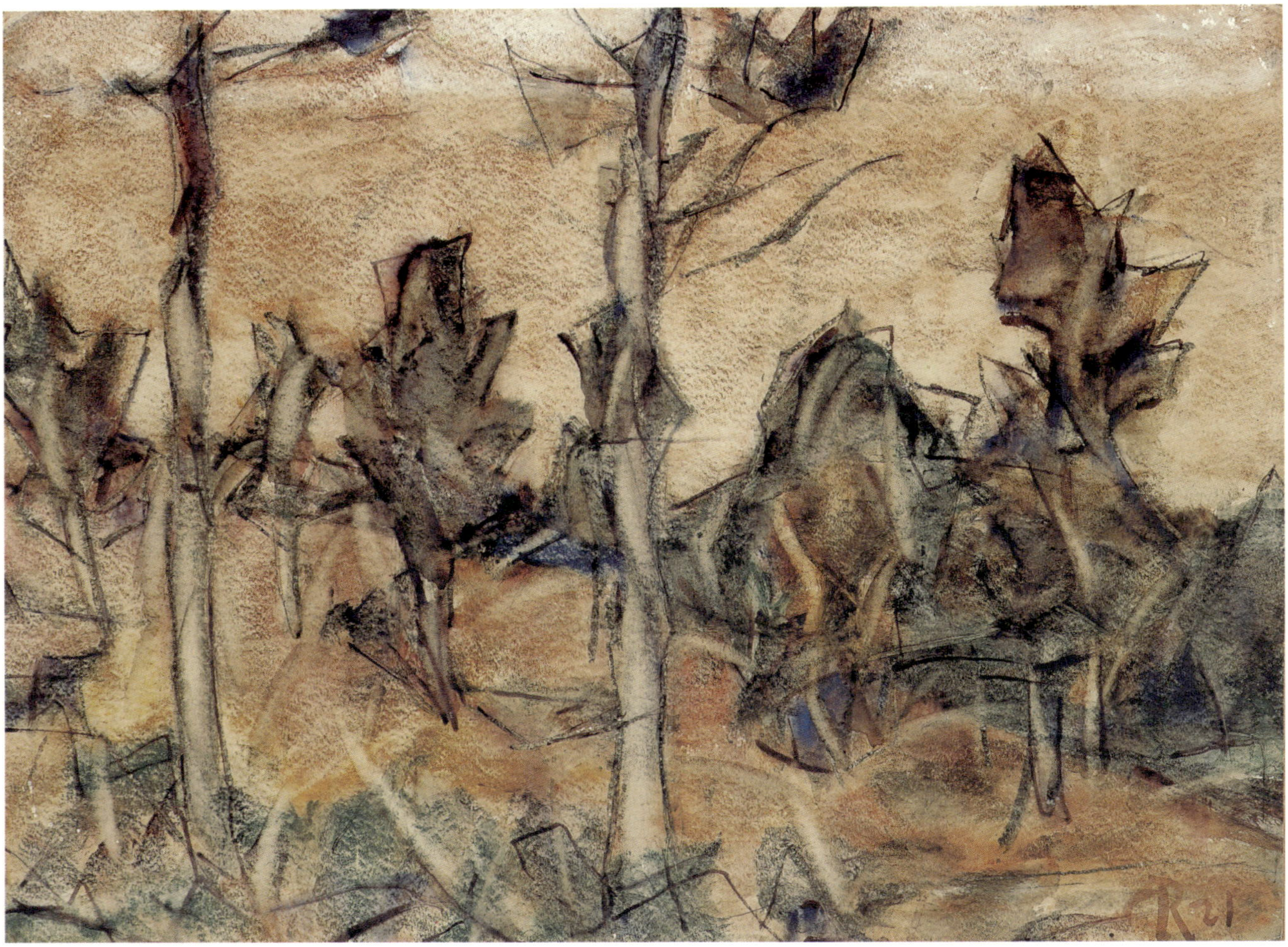

Christian Rohlfs
Waldlichtung, 1921
Tempera auf Papier
55.5 x 73.5 cm
Signiert und datiert unten rechts:
C.R. 21
Inv.-Nr. SG 152

Nach der Bekanntschaft mit Emil Nolde in Soest beginnt Christian Rohlfs 1913 mit ersten Temperabildern. Durch diese Technik wirkt die »Waldlichtung« in schwereloser Entrücktheit. Die Bäume sind durch zackige Umrißlinien gestaltet, lösen sich aber gleichzeitig in ihrer Umgebung auf. Nach den pastosen Farbformen wird die Thematisierung des Immateriellen im reifen Werk des Künstlers immer wichtiger. Die Naturformen sind jetzt all ihrer irdischen Stofflichkeit entkleidet und erscheinen in vibrierender schwereloser Farbtransparenz. A.F.

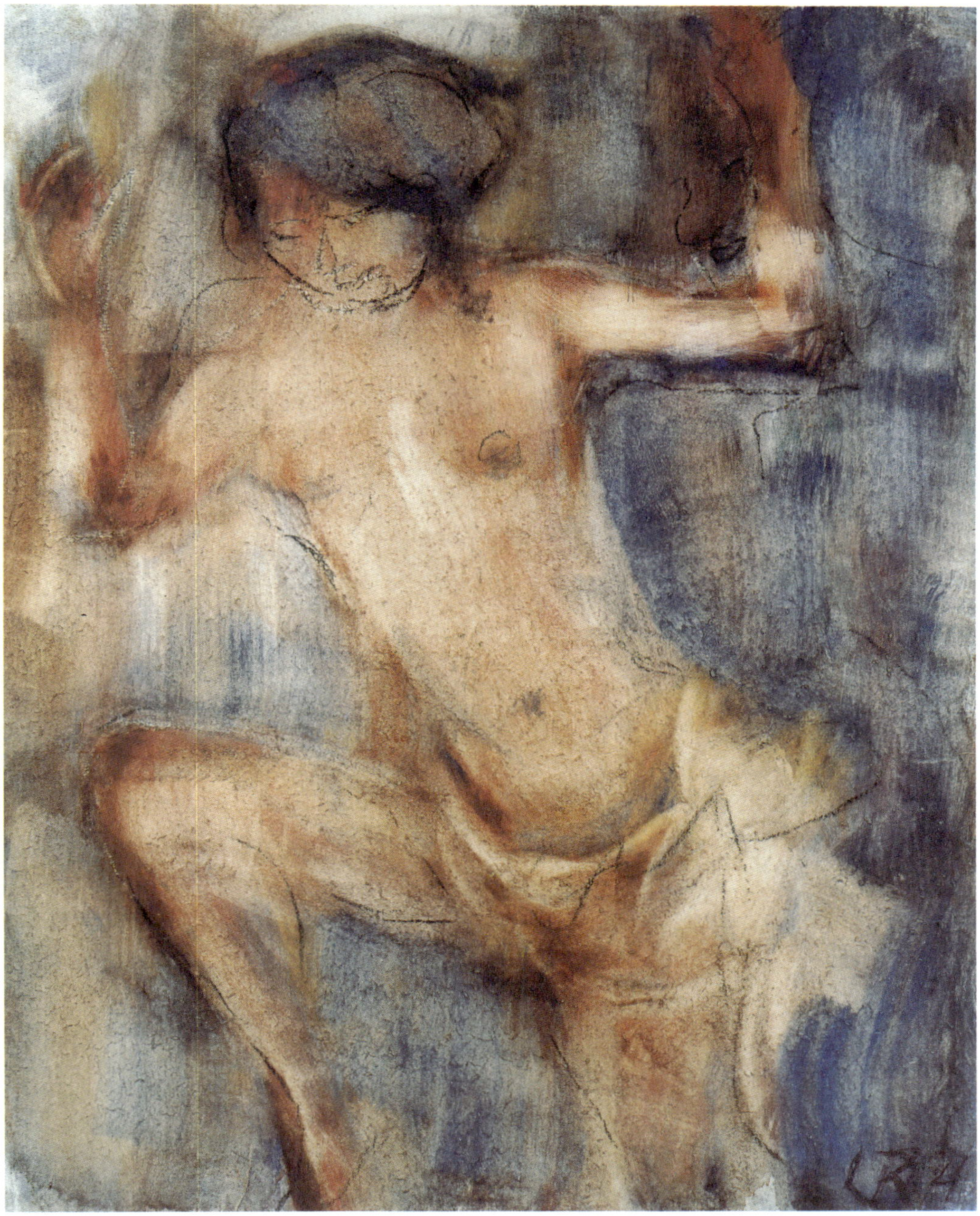

Christian Rohlfs
Tanzender weiblicher Akt, 1927
Aquarell
60 x 48.5 cm
Signiert und datiert unten rechts:
C.R. 27
Inv.-Nr. A 46/57

In diesem Aquarell wird das Thema Tanz nicht mehr inhaltlich wiedergegeben, sondern in der Art und Weise der Umsetzung der Bewegung selbst zur Darstellung gebracht. Reduzierte Zeichenstriche sind dynamisch aufgesetzt und halten die wäßrige Farbe in ihrer Ausdehnung nicht auf. Die nur schemenhaft zu erkennende Halbfigur ist im Tanz vertieft und nur auf sich selbst bezogen, obwohl sie von einer angedeutet Silhouette, die ihr von hinten über die linke Schulter blickt, beobachtet wird. In dem stillen fernen Farbklang, der durch das lichte Blau ausgedrückt wird, strahlt das Mehrschichtige der Erscheinungswelt auf. Diese Aquarellarbeit eröffnet die Synthese von Kunst und Wirklichkeit. Die vergängliche Bewegung wird dauerhaft festgehalten und verliert dennoch nicht ihre Leichtigkeit. Der Tanz wird zum sichtbaren Symbol einer leichtfüßig schwebenden Vergänglichkeit. A.F.

Karl Schmidt-Rottluff

Vorfrühling, 1911

Öl auf Leinwand

76.3 x 84 cm

Signiert und datiert unten rechts:

S. Rottluff 1911

Bezeichnet oben auf dem Keilrahmen:

Vorfrühling

Inv.-Nr. A 68/57

»Es ist unglaublich, wie stark man die Farben hier findet, eine Intensität, wie sie kein Pigment hat, fast scharf für das Auge. Dabei sind die Farbenakkorde von großer Einfachheit. Malen kann hier eigentlich nur heißen: Verzicht leisten vor der Natur, und es an der rechten Stelle tun, ist vielleicht eine Definition für Kunst« (Schmidt-Rottluff an Gustav Schiefler).

Als Heckel, Kirchner und er selbst im Laufe des Jahres 1911 von Dresden nach Berlin übersiedelten, wo bereits die anderen »Brücke«-Freunde Pechstein und Mueller lebten, erlag Schmidt-Rottluf nicht, wie beispielsweise Kirchner, dem Reiz der künstlerischen Auseinandersetzung mit dem Leben der Großstadt. Seine Bilderwelten spiegelten weiterhin die Faszination durch die elementar erfahrenen, in Dangast und Norwegen vorgefundenen Naturlandschaften wider, deren Idylle Schmidt-Rottluff jedoch verstärkt durch Einbindung von Zivilisationszeugnissen, wie beispielsweise Häuser, vitalisierte.

Das mit dominierenden Gelb- und Rottönen, in dünnem Farbauftrag und dennoch euphorischem Farbklang gestaltete Gemälde »Vorfrühling« zeigt Schmidt-Rottluffs Neigung zur formalen und koloristischen Zusammenfassung einer sich auch im Titel stimmungsmäßig reflektierenden Jahreszeit-Erfahrung. Der Künstler lenkt den Blick des Betrachters durch das mittels horizontaler, diagonaler und vertikaler Elemente ausponderierte Bild, führt ihn durch die hochstämmige Baumallee auf das im Hintergrund, in monumentaler Ruhe daliegende Haus. M.S.

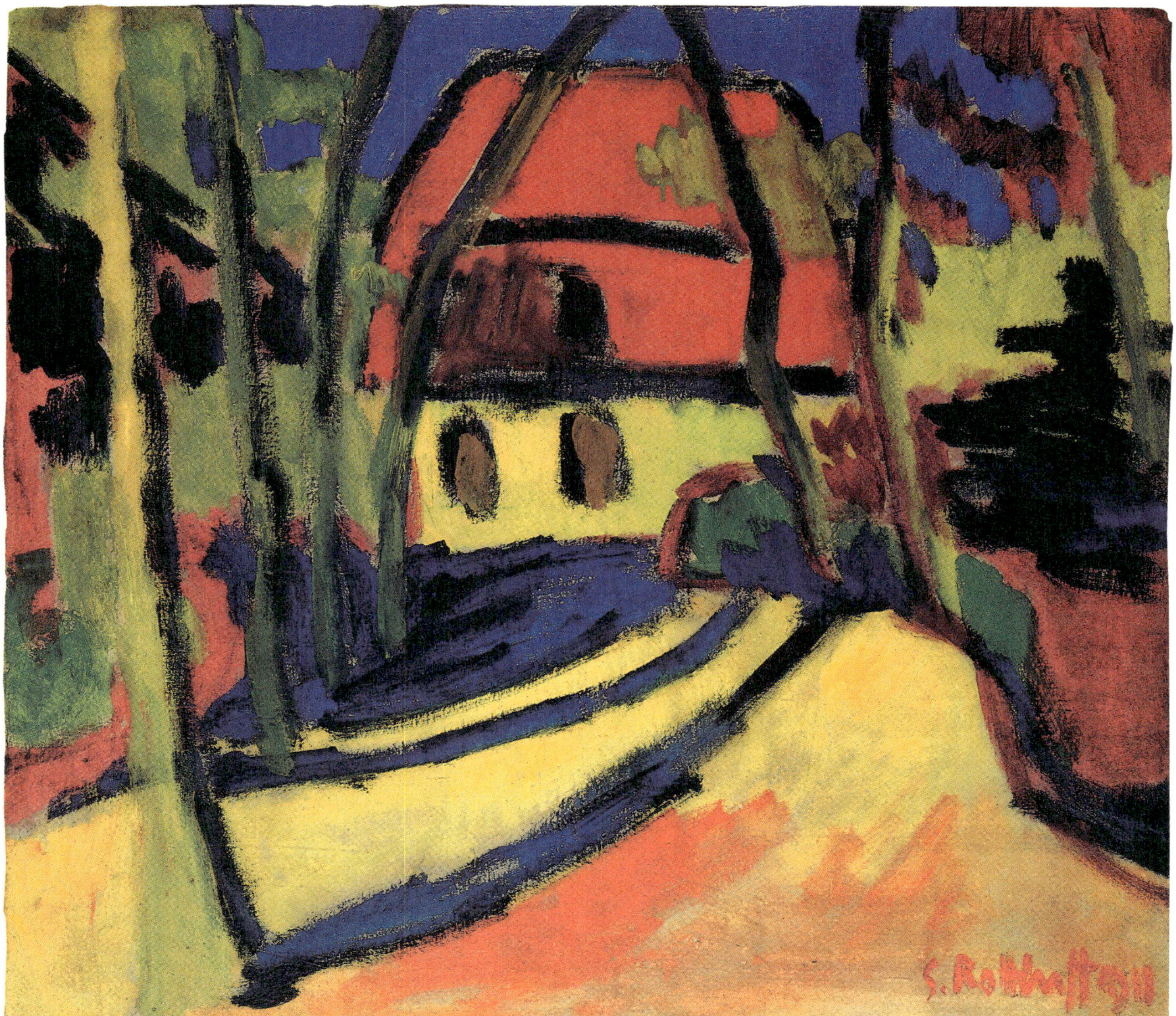

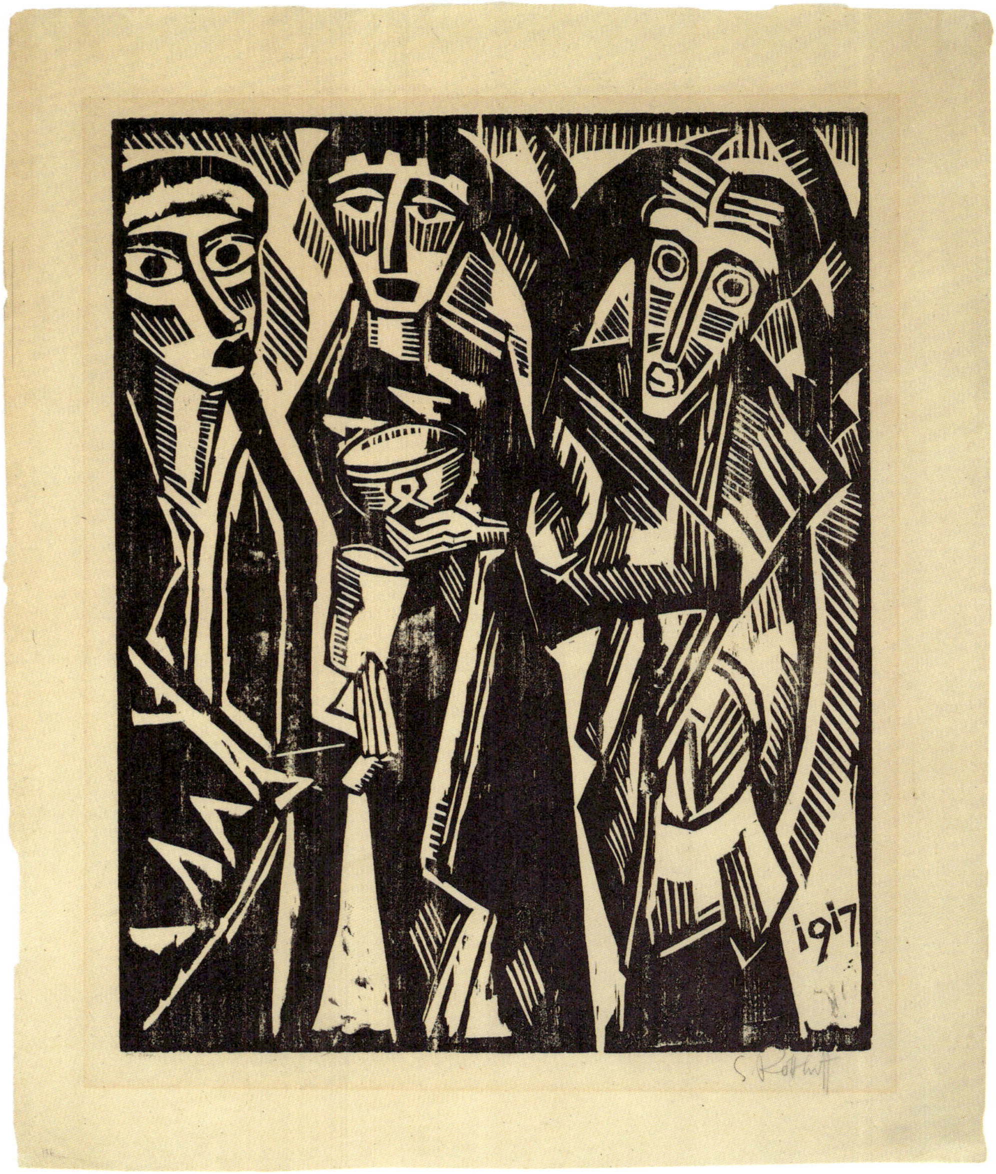

Karl Schmidt-Rottluff
Die Heiligen Drei Könige, 1917
Holzschnitt
50 x 39 cm (Stock)
61.5 x 51 cm (Blatt)
Blatt 8 aus der Mappe Schmidt-Rottluff. 10 Holzschnitte. Berlin: I. B. Neumann-Verlag 1919, der sogenannten Neumann-Mappe, Auflage 75 Exemplare
Im Stock datiert unten rechts: 1917; signiert unten rechts: S. Rottluff; Signatur des Druckers unten links: gedr. F. Voigt
Inv.-Nr. A 7/64

»Die religiösen Holzschnitte bedeuten nicht nur einen Höhepunkt in Schmidt-Rottluffs Schaffen, unsere Zeit hat nichts hervorgebracht, in dem Inbrunst und Kraft der Gestaltung, das geheime Schweigen und die mystische Ruhe sich so durchdringen und in so strengem Sinne Form geworden sind« (Schapire).
Bei Schmidt-Rottluff taucht die religiöse Thematik mit den neutestamentarischen biblischen Gestalten der Heiligen Drei Könige erstmals 1917 auf. Für dieses Blatt, das in der Gestaltung und in der Motivik der heilige Gaben darbringenden Könige an mittelalterliche Wandbilder erinnert, hat Schmidt-Rottluff das Entstehungsjahr bereits im Stock vermerkt. Den Stock für dieses biblische Ereignisbild wie auch für weitere, erst im Folgejahr gedruckte Holzschnitte mit religiöser Thematik hatte Schmidt-Rottluf schon in Rußland, wo er seit Mai 1914 Kriegsdienst leistete, geschnitten. Das Blatt erhält durch die Maserung des Holzes eine belebende Wirkung. M.S.

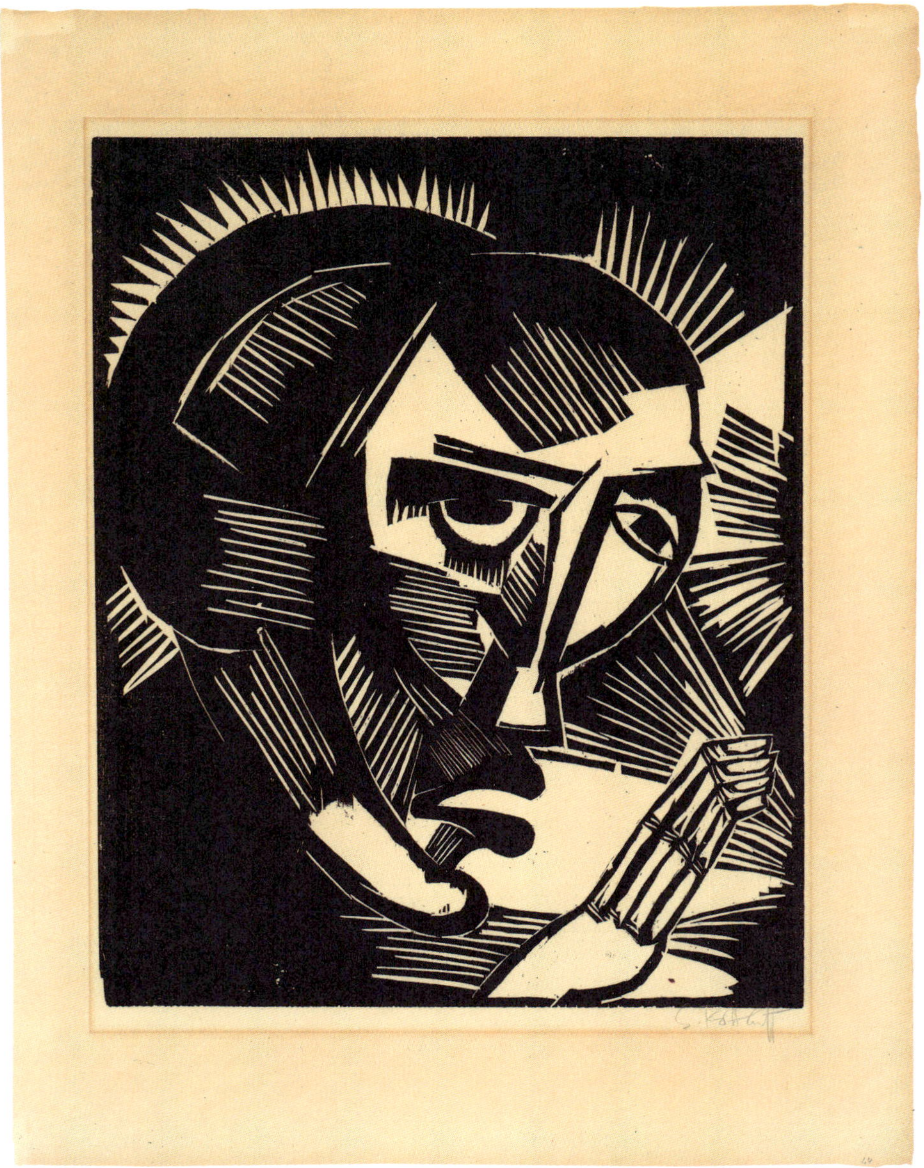

Karl Schmidt-Rottluff
Maria, 1918
Holzschnitt
50 x 39,5 cm (Stock)
66.5 x 50.5 cm (Blatt)
Blatt 7 aus der Mappe
Karl Schmidt-Rottluff.
9 Holzschnitte. München:
Kurt Wolff-Verlag 1918, der sogenannten
Kristus-Mappe, Auflage 75 Exemplare
Signiert unten rechts: S. Rottluff
Inv.-Nr. A 10/61

Die »Kristus-Mappe«, wie sie schon bald nach dem zweiten der darin enthaltenen religiösen Holzschnitte genannt wird, fand in der Nachkriegszeit eine breite öffentliche Resonanz. Mit dem Aufgreifen der religiösen Themen im letzten Kriegsjahr traf Schmidt-Rottluff die Sehnsüchte und Bedürfnisse seiner Zeitgenossen. Schon bald feierte die Kritik den Schöpfer dieses religiösen Mappenwerkes als »Segensbringer unseres Volkes« (Gosebruch). Er galt als »einer der geistigen Führer unserer Tage« (Valentiner). Das strahlenumkränzte Haupt der Maria findet in der »Kristus-Mappe« mit der Darstellung des Kopfes eines leidzerfurchten Jüngers, dem Schmidt-Rottluff seine eigene Züge verliehen hat, ein künstlerisches Pendant. M.S.

Karl Schmidt-Rottluff
S. und L., um 1925
Öl auf Leinwand
65.5 x 73
Signiert oben rechts: S. Rottluff
Inv.-Nr. SG 159

Porträts und Doppelbildnisse, wie das unserige, hat Schmidt-Rottluff in großer Zahl gemalt.
In ihrer blockhaft-kantigen Gestaltung füllen die beiden hier Porträtierten, deren Identifizierung durch die formal-maskenhafte Erfassung erschwert wird, das Bildformat fast vollständig aus. Der schief gesetzte Mund der linken Figur – möglicherweise ein Bildnis der Künstlerin Renée Sintenis – und der wie zum Horchen geneigte Kopf der rechten Figur erwecken den Eindruck, als würden sie einander etwas zuraunen.
Schmidt-Rottluff zeigt in diesem Bildnis die freie Wahl von Form und Farben. Mit vehementen Pinselstrichen hat er die Gesichter mit antinaturalistisch eingesetzten Farben modelliert, die sich in ihrer Kontrastwirkung gegenseitig steigern. M.S.

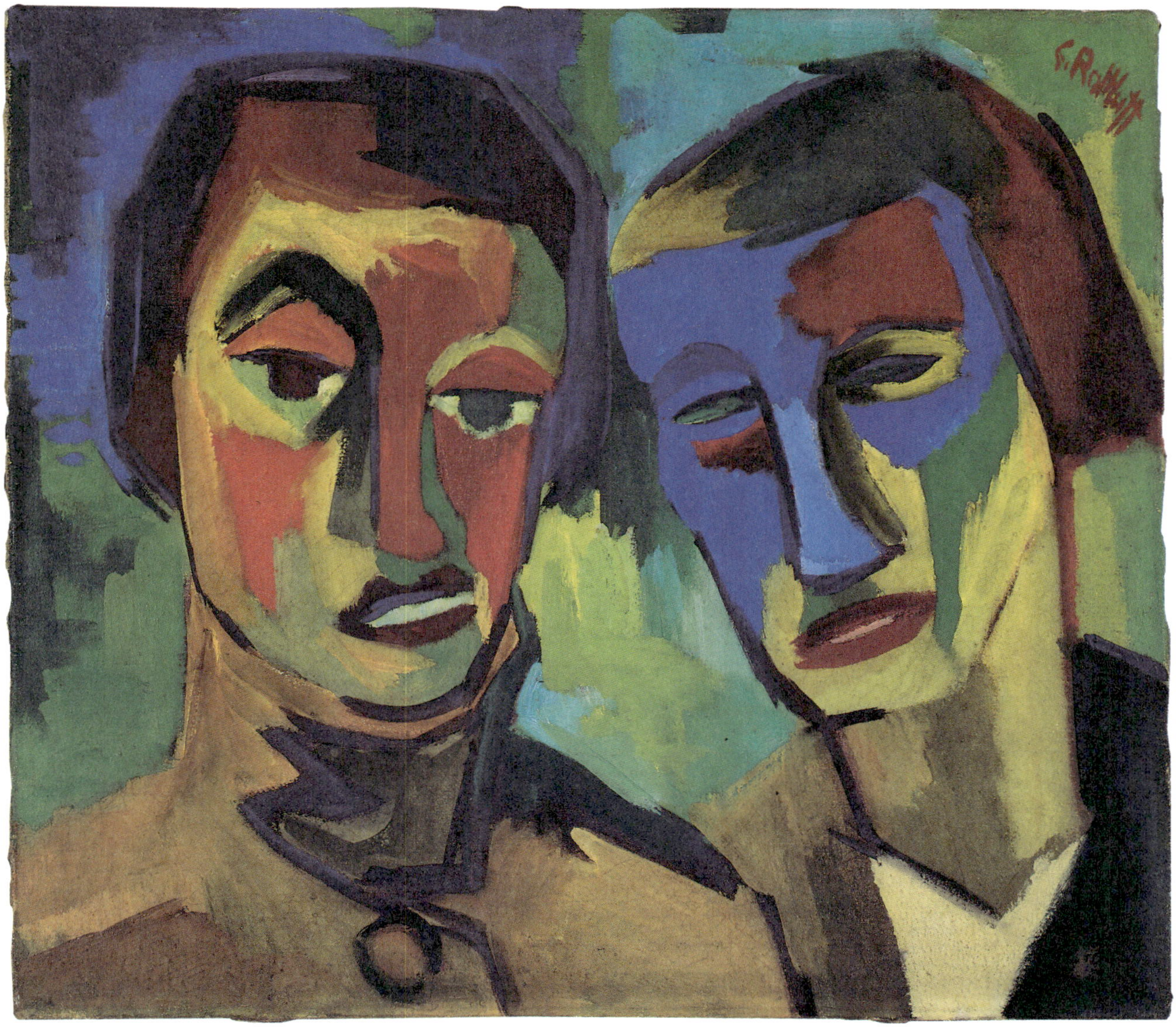

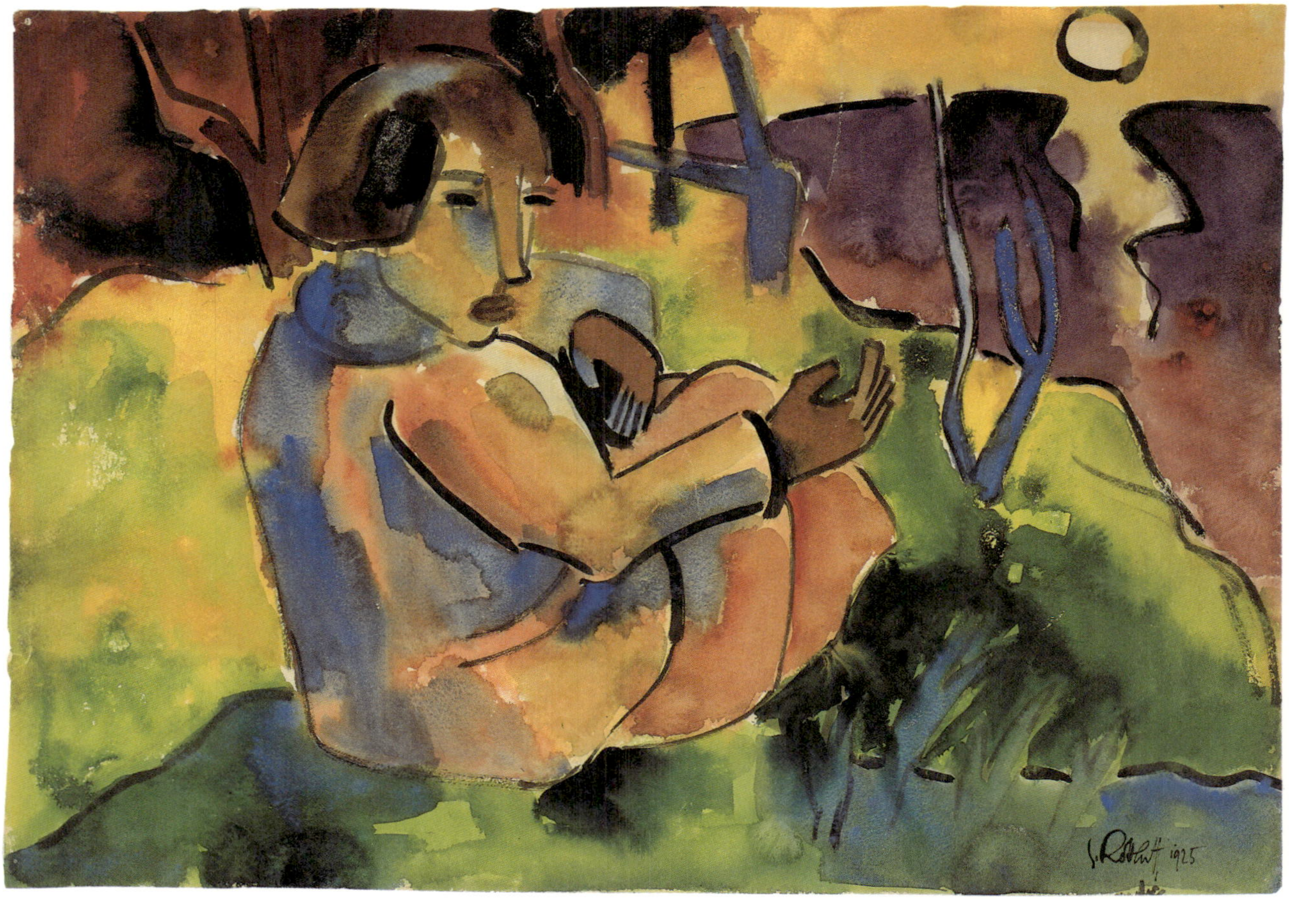

Karl Schmidt-Rottluff
Abend am Meer, 1925
Gouache auf Aquarellpapier
49.6 x 69.8 cm
Signiert und datiert unten rechts: S. Rottluff 1926; bezeichnet auf der Rückseite: Abend am Meer
Inv.-Nr. A 48/57

Das schwarz konturierende Lineament in der skizzenhaft gestalteten, großformatigen Gouache erinnert an die Wirkung von Linol-und Holzschnitten. Vor allem das maskenartige Gesicht mit den wulstigen Lippen wie auch die Hände der bilddominierenden mädchenhaften Figur wirken holzschnitthaft vereinfacht. Einen Eindruck von Plastizität und Räumlichkeit erhält das Blatt durch den subtilen Einsatz fließender Farbigkeit, durch die Korrespondenz »kalter« und »warmer« Farben. Der Zusammenklang von Grün, Blau und Gelb im vorderen Wiesengrund mit den dumpfen, braunroten Tonwerten von Wald und Meer wie auch mit dem vom Sonnenlicht durchtränkten gelben Horizont vermitteln eine farbharmonische Umrahmung der in einem zarten Orange-Rot und Blau gekleideten Figur. Sie ist der eigentliche Bedeutungsträger des Bildes: als Rückenfigur mit einer auf den Horizont weisenden Hand und dem zum Betrachter gewendeten Gesicht lädt sie diesen ein, das vor ihm sich darbietende Naturschauspiel des Sonnenuntergangs mitzuerleben. M.S.

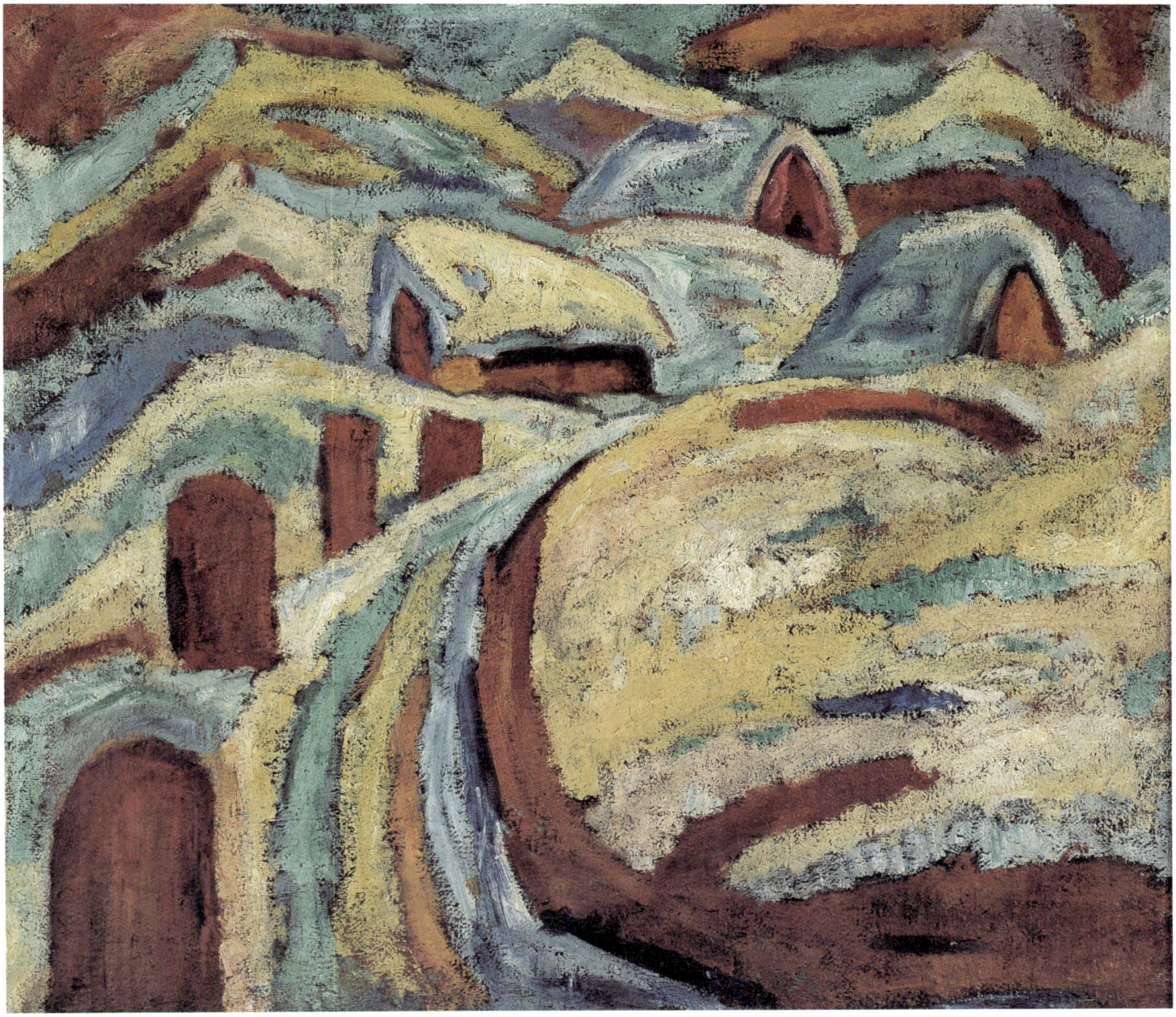

Eberhard Viegener
Verschneites Gebirge, 1921
Öl auf Leinwand
80.5 x 90 cm
Signiert und datiert unten rechts:
Eberhard Viegener 1921
Inv.-Nr. SG 179

»Nach Jahren der rastlosen Arbeit, von einer Bessenheit in die andere stürzend, von Berg zu Berg springend, folgte die Einkehr, die innerliche Besinnung. Denn gewisse Stationen des Lebens sind dazu da, Ausschau zu halten, abzurechnen, Fazit zu ziehen, Ordnung zu halten, um nicht ins Chaos zu versinken« (Viegener).
Die Winterlandschaft zeigt in dem Gemälde von Eberhard Viegener nicht das für sie typische Weiß. Braun, Grün, Gelb und Blau in verschiedensten Abstufungen prägen das Gemälde. Die braunen Häuser und die vier großen Wegbegrenzungen links sind mit farbigem Schnee bedeckt und vollkommen in die Landschaft integriert. Durch die zurückgenommene Perspektive und den flächigen Farbauftrag präsentiert Eberhard Viegener ein abstrakt expressives Werk. A.F.

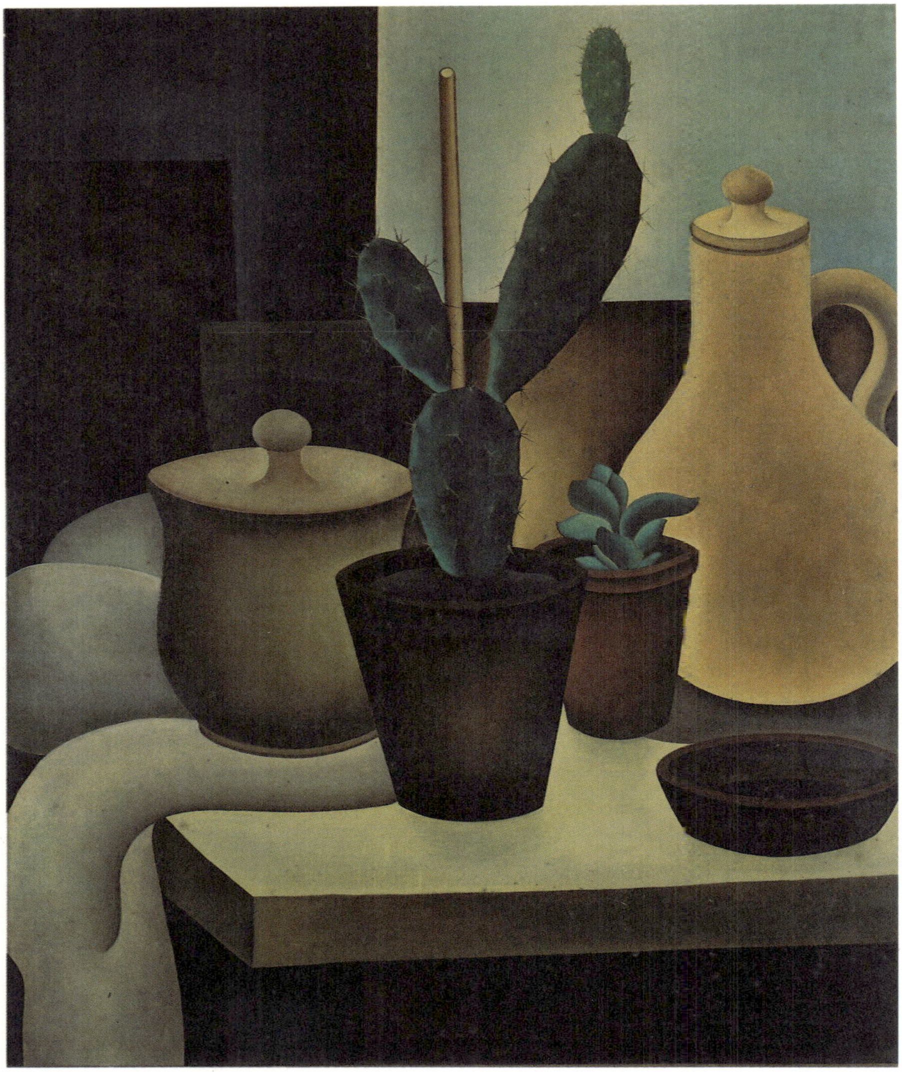

Eberhard Viegener
Kaktee und gelber Krug, 1927
Öl auf Holz
58 x 48 cm
Signiert und datiert auf der Rückseite:
Eberhard Viegener 1927
Inv.-Nr. A 4/51

»Es wurde mir bewußt, daß ich wie bisher nicht weitermalen könne. Verbanne alle Raserei, laß alle wilden Pinselhiebe weg; ganz sachlich, ganz nüchtern Linien ziehen und dann in die gewonnenen Flächen Farbe setzen!« (Viegener).
Ende 1922 wandelt sich Eberhard Viegeners Malstil und Maltechnik vom Expressionismus zur Neuen Sachlichkeit. In dem Stilleben »Kaktee und gelber Krug« stehen Alltagsgegenstände auf einem Tisch, der leicht schräg von rechts perspektivisch in den Bildraum hereinragt: ein Deckeltopf auf einem herab hängenden Tuch, eine Kanne, eine flache Schale, sowie ein Kaktus und eine einfache Grünpflanze. Die Gegenstände sind mit scharfen Kanten geformt und geometrisch idealisiert dargestellt. Der sich dagegen absetzende flächige Hintergrund ist in rechteckigen Formen strukturiert. Das Gemälde, das die Gegenstände eindeutig identifizierbar darstellt, wirkt irrational und irritierend. Viegener arbeitet in dieser neuen Schaffensperiode mit dünn übereinander auf einer Holzplatte aufgetragenen Farbschichten, die einzeln geschliffen werden. Eine Lackschicht bildet den Abschluß der Arbeit, was dem Gemälde den typisch seidigen Glanz verleiht. Zusammen mit der altmeisterlich exakten Malweise und der absolut unmaterielen Oberfläche des Gemäldes wirkt das Vertraute steril und fremdartig. Die Gegenstände sind dem gewohnten Umgang entzogen und jeglicher äußeren Beeinflußung enthoben. Das Bild erscheint kühl und künstlich, statisch und starr. Wie aus der lebendigen Welt entrückt, strahlt es vielleicht gerade deshalb eine unergründliche geistige Magie aus.
»Höhepunkt und Ziel künstlerischen Ausdrucks und seine tiefsten Genußquellen für die Menschenseele liegen in der Metaphysik, die die Mysterien der Geisteswelt, der Seele selbst, der Frage nach der ewigen Fortdauer unserer Identität in sich schließt« (Viegener). A.F.

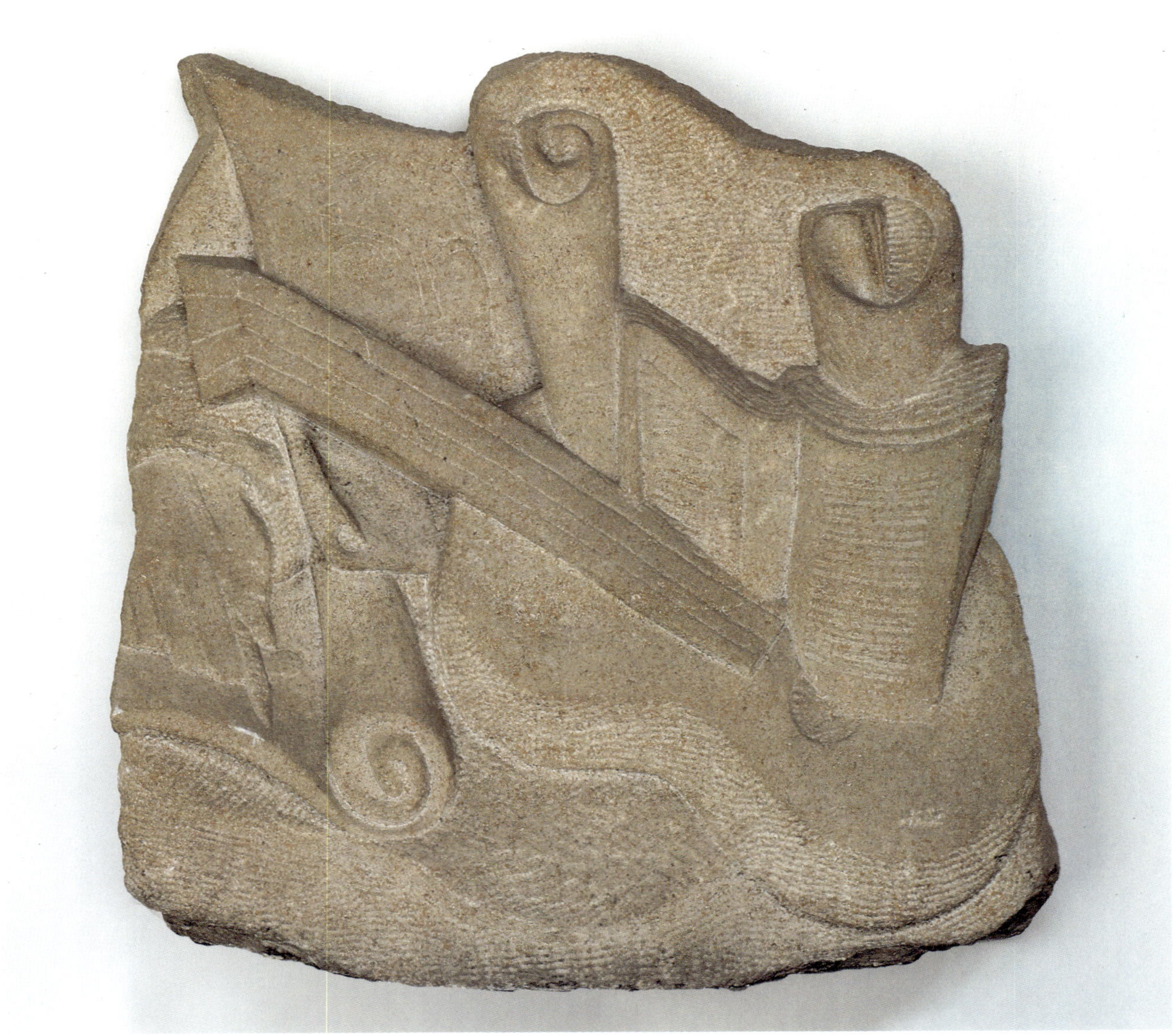

Ossip Zadkine
Nature morte musicale
(Musikalisches Stilleben), 1928
Stein
65 x 65 x 18 cm
Monogrammiert auf der rechten
Schmalseite
Inv.-Nr. A 10/64

Im Entstehungsjahr dieses Stein-Blocks etabliert sich Zadkine in der Rue d'Assas in Paris, am Jardin du Luxembourg, in einer traumhaft-verträumten »Hinterhof-Atelier-Situation« mit Garten, die jetzt als Zadkine-Museum viele seiner Werke beherbergt. Immer wieder kombiniert er seine mythischen Figuren, Orpheus vor allem, aber auch die berühmten Geistesverwandten Rimbaud oder Apollinaire mit Musikinstrumenten. Das poetisch-lyrische Moment verdichtet sich gewissermaßen in dieser Arbeit zu einer spät-kubistischen Synthese mit »barockem« Schwung: Der Komponist, dessen stilisierte Physiognomie nur eingeritzt erscheint, wird eher durch die große notierende Hand charakterisiert; dominiert aber wird dieses Stilleben unzweideutig von den »Voluten« der Notenblätter und der dynamisierenden Diagonale des Musikinstruments. Zadkine, mit allen die damalige Szene beherrschenden Künstlern befreundet, meißelt hier mit souveräner Sicherheit ein alle Erfahrungen des Kubismus zusammenfassendes Meisterwerk von geradezu intimem Zuschnitt. Es wurde in den sechziger Jahren in der üblichen Auflage von sechs Exemplaren in Bronze gegossen, mit veritablen musikalischen Noten »vervollständigt«. I.B.

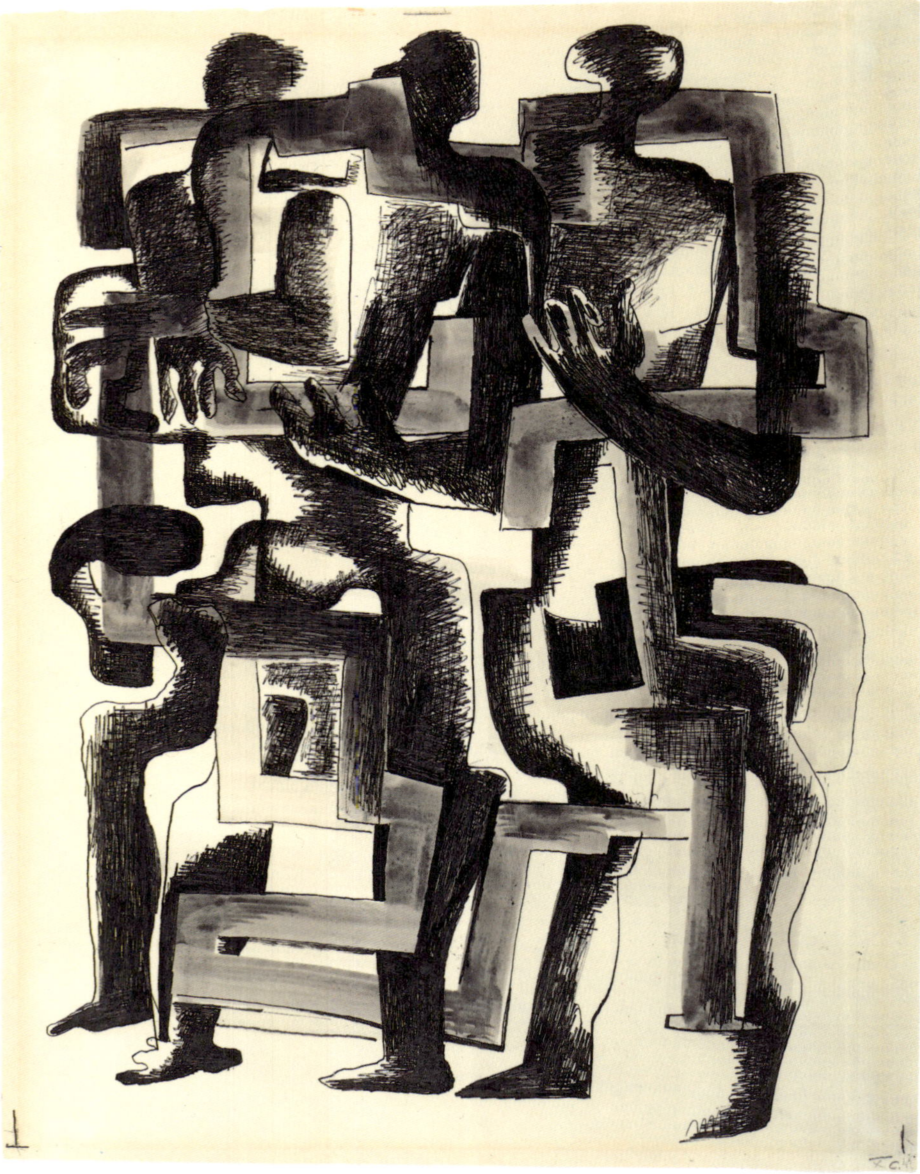

Ossip Zadkine
o.T. (Figuren-Komposition), um 1948
Tusche, Feder, Pinsel
65.5 x 50 cm
unbezeichnet
Inv.-Nr. A 47/66

In dieser Komposition sind drei nicht eindeutig von einander zu unterscheidende Figuren in den Strang der Geometrisierung verwoben. Die hellinistische Laokoon-Gruppe, die den von Schlangen umwundenen Priester und seine zwei Söhne darstellt, erscheint im Assoziationsfeld. Der russisch-französische Bildhauer Ossip Zadkine ließ sich von der afrikanischen Plastik genauso inspirieren wie vom analytischen Kubismus eines Braque und Picasso. Auf der Suche nach den Grundlagen der Realität orientiert sich Zadkine an einfachen stereometrischen Formen. Diese Arbeit steht für das künstlerische Programm des Künstlers: die menschliche Figur wird mehr und mehr in geometrisierte Formen umgewandelt und paßt sich in eine abstrahierende Sichtweise ein. A.F.

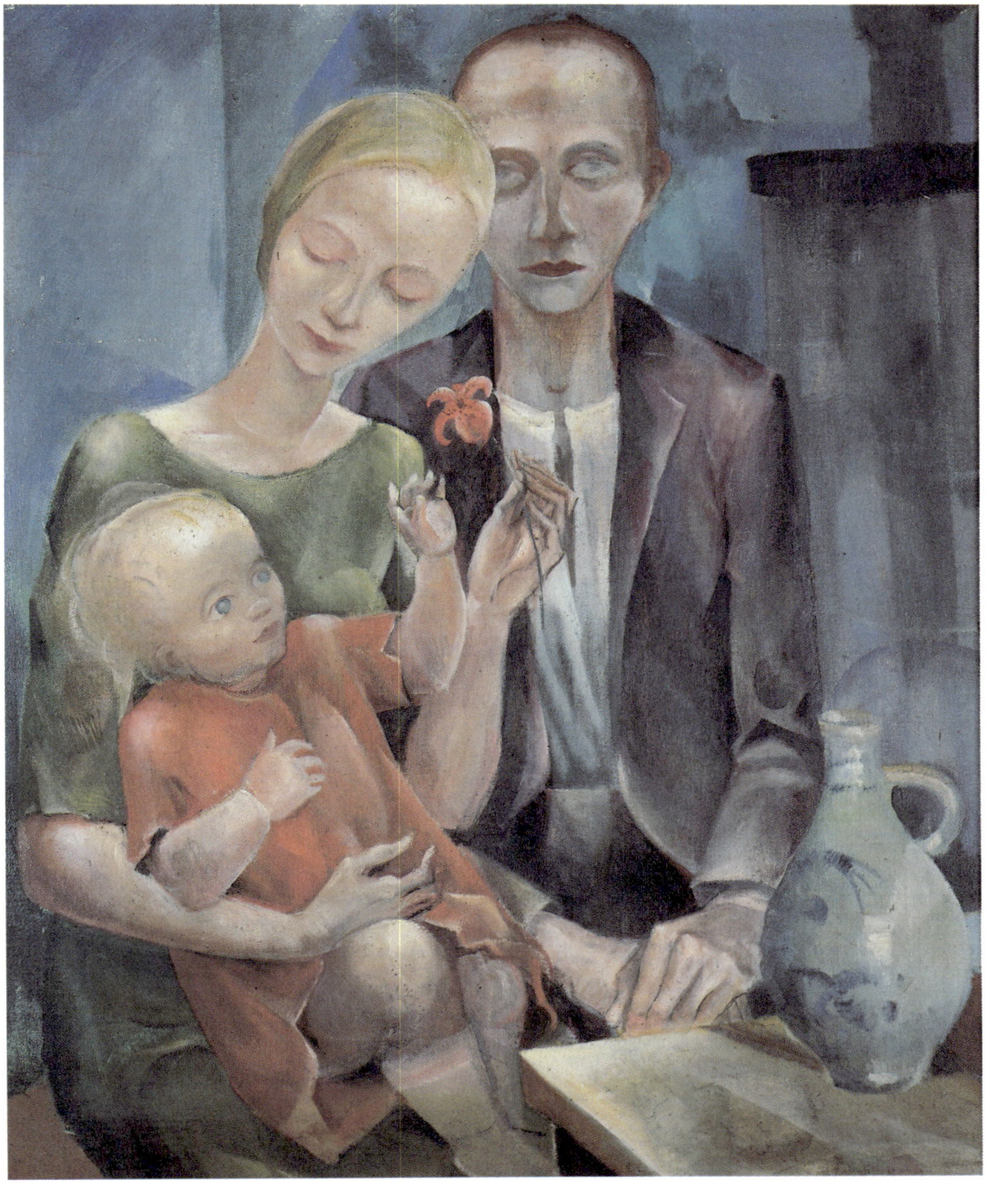

Magnus Zeller
Mann, Weib, Kind, 1921
Öl auf Leinwand
69.4 x 57.5 cm
unbezeichnet
Inv.-Nr. SG 184

In fahler Farbigkeit schimmert eine extrem unwirkliche Situation. Im Stil der neusachlichen Malerei präsentiert Magnus Zeller eine »heilige Familie«, die die Desillusion der Nachkriegsjahre spiegelt. Im Gegensatz zum tradierten biblischen Thema, zeigt sich hier die Vereinzelung der Erwachsenen. Mutter und Kind bilden eine intim zärtliche Verbindung, der Mann ist nur noch Schatten seiner selbst und unbeteiligt. A.F.

Biographische Daten

Alexander Archipenko

Geboren 1887 in Kiew, Ukraine. 1902–1905 Studium der Malerei und Plastik an der Kunstschule Kiew. 1908–1910 Studium an der École des Beaux-Arts in Paris. 1910 erste kubistische Plastiken. 1912 Entwicklung der sogenannten »Skulpto-Malereien« und Eröffnung einer Kunstschule in Paris. 1921–1923 in Berlin. 1923 Übersiedlung in die USA, Berufung zum Direktor der Kunstschule in New York. 1924 Experimente mit beweglicher Malerei-Skulptur (»Archipentura«). 1930 Übersiedlung nach Hollywood. Lehrtätigkeit an verschiedenen Universitäten der USA. Gestorben 1964 in New York.

Ernst Barlach

Geboren 1870 in Wedel bei Hamburg. 1888–1891 Besuch der Kunstgewerbeschule in Hamburg. 1891–1895 Studium an der Dresdner Kunstakademie. 1895 bis 1897 Studienreisen nach Paris. 1899–1901 Aufenthalt in Berlin. Begegnung mit Reinhard Piper und Karl Scheffler. 1901–1904 in Wedel. Fertigung keramischer Arbeiten. 1904/05 Lehrer an der Keramikschule in Höhr/Westerwald. 1905 Übersiedlung nach Berlin. 1906 Reise nach Rußland. 1909 Villa-Romana-Preis. In Florenz Freundschaft mit Theodor Däubler. 1910 Übersiedlung nach Güstrow. 1913 Beginn der Arbeit am Roman »Seespeck«. 1919 Mitglied der Preußischen Akademie der Künste Berlin. 1933 Diffamierung als »entarteter Künstler«. 1937 Erzwungener Austritt aus der Akademie. Beschlagnahme von 381 seiner Werke aus deutschen Museen und Kirchen. Entfernung der von Barlach entworfenen Denkmäler. Gestorben 1938 in Rostock.

Max Beckmann

Geboren 1884 in Leipzig. 1899–1903 Studium an der Weimarer Akademie. 1903 erste Parisreise. Beeindruckt von der Malerei Cézannes. 1904 Übersiedlung nach Berlin. 1906 erste Teilnahme an der »Berliner Sezession«. 1906/07 Studienaufenthalt in der Villa Romana Florenz. 1907 Mitglied der »Berliner Sezession«. 1913 erste Retrospektive bei Cassirer in Berlin. 1914/15 freiwilliger Sanitätssoldat. 1915 Übersiedlung nach Frankfurt a. M. 1919 Mitbegründer der »Darmstädter Sezession«. 1926 jährliche Reisen u.a. nach Paris und Berlin. 1928 Goldene Medaille der Stadt Düsseldorf. 1929 Ehrenpreis der Stadt Frankfurt und Professor an der Städelschule in Frankfurt. 1929–1932 September bis Mai in Paris. 1932 Beckmann-Raum in der Berliner Nationalgalerie. 1933 Beckmanns Werke werden bei der Schandausstellung »Novembergeist – Kunst im Dienst der Zersetzung« gezeigt. Entlassung aus dem Lehrauftrag und Entfernung der Werke aus deutschen Museen. 1937 Emigration nach Amsterdam. 1938 22 Werke bei der Ausstellung »Exhibition of 20th Century German Art« in London. 1947–49 Lehrauftrag in St. Louis an der Washington University Art School. 1949 Übersiedlung nach New York. Lehrauftrag an der Art School des Brooklyn Museums.

1950 Präsentation von 14 Gemälde im deutschen Pavillon der Biennale in Venedig. Gestorben 1950 in New York.

Heinrich Campendonk

Geboren 1889 in Krefeld. 1905–1909 Studium an der Kunstgewerbeschule Krefeld bei Thorn-Prikker. 1911 Übersiedlung nach Sindelsdorf. Freundschaft mit Marc und A. Macke. Mitglied im »Blauen Reiter«. 1913 Beteiligung am »Ersten Deutschen Herbstsalon« in Berlin und an der Ausstellung »Rheinische Expressionisten« in Bonn. 1914–1916 Kriegsdienst. 1916 Übersiedlung nach Seeshaupt am Starnberger See. Mitglied im »Arbeitsrat für Kunst«. 1922 Rückkehr nach Krefeld. Lehrer an der dortigen Kunstgewerbeschule. 1923 Lehrauftrag an der Kunstgewerbeschule Essen. 1926 Professor an der Staatlichen Kunstakademie Düsseldorf. 1933 aus dem Lehramt entlassen. 1934 Emigration nach Belgien. 1935 Übersiedlung nach Amsterdam. Professor an der dortigen Kunstakademie. 1937 sechs Werke in der Ausstellung »Entartete Kunst« ausgestellt. Beschlagnahmung von 87 Bildern aus deutschen Museen. Gestorben 1957 in Amsterdam.

Lovis Corinth

Geboren 1858 in Tapiau/Ostpreußen. 1876–1880 Ausbildung an der Königsberger Kunstakademie. 1880 Übersiedlung nach München, Besuch der Münchener Akademie. 1882 Einberufung zum Militär. 1883/1884 Reisen nach Italien und Antwerpen. 1884 Übersiedlung nach Paris. Besuch der Académie Julian. 1887/88 Aufenthalt in Berlin. Begegnung mit Max Klinger. 1891 Übersiedlung nach München. Kurzzeitig Mitglied der »Münchener Sezession«. Beziehungen zum Umkreis der Zeitschrift »Jugend« und »Simplicissimus«. 1900 Bekanntschaft mit Max Liebermann. 1901 Übersiedlung nach Berlin. Eröffnung einer Malschule für Frauen. 1902 Vorstandsmitglied der »Berliner Sezession«. 1911 nach Schlaganfall halbseitig gelähmt. 1918 Ernennung zum Professor an der Berliner Akademie. Seit 1918 mehrere Aufenthalte in Urfeld am Walchensee. 1925 Reise nach Amsterdam. Gestorben 1925 in Zandvoort/Holland. 1937 Beschlagnahme von 295 seiner Arbeiten aus öffentlichen Institutionen.

Otto Dix

Geboren 1891 in Untermhaus bei Gera. 1905–1909 Lehre als Dekorationsmaler. 1909–1914 Studium an der Kunstgewerbeschule Dresden. 1914–1918 als Freiwilliger im Kriegsdienst. 1919–1922 Studium an der Kunstakademie Dresden. Mitbegründer der »Dresdner Sezession Gruppe 1919«. 1922–1925 Studium an der Akademie Düsseldorf. Mitglied der Gruppe »Das junge Rheinland«. 1924 Mitglied der »Roten Gruppe Berlin«. 1925 Übersiedlung nach Berlin. 1927 Professor an der Dresdner Akademie. 1933 Diffamierung als »entarteter Künstler«, Ausstellungsverbot, Entlassung aus dem Hochschuldienst. 1936 Übersiedlung nach Hemmenhofen/Bodensee. 1937 Beschlagnahme von ungefähr 260 seiner Werke aus deutschem Museumsbesitz. 1955 Mitglied der Akademie der Künste Berlin. Gestorben 1969 in Singen/Hohentwiel.

Max Ernst

Geboren 1891 in Brühl bei Köln. 1909–1912 Studium der Philosophie, Psychiatrie, Philologie und Kunstgeschichte in Bonn. 1910 Kontakt zum Kreis der rheinischen Expressionisten. Autodidakt. 1912 Teilnahme an der Sonderbund-Ausstellung in Köln. Freundschaft mit A. Macke. 1913 Aufenthalt in Paris. Begegnung mit Delaunay und Guillaume Apollinaire. Teilnahme am »Ersten deutschen Herbstsalon« in Berlin. 1914 Begegnung mit Arp in Köln. 1914–1918 Kriegsdienst. 1916 Bekanntschaft mit Grosz und Herzfeld. 1919 Gründung der Kölner Dada-Gruppe mit Arp und Theodor Baargeld. Begegnungen mit Klee. Entdeckung de Chiricos. Briefwechsel mit Tristan Tzara. 1920 Dada-Messe in Köln. 1921 erste Ausstellung in Paris. Kontakt zu André Breton. 1922 Übersiedlung nach Paris. 1923 Teilnahme am »Salon des Indépendants«. Reise nach Indochina. 1924 Mitbegründer der Surrealistengruppe um Breton. 1931 Erste Ausstellung in den USA. 1937 zwei Werke in der Ausstellung »Entartete Kunst«. 1938 Austritt aus der Surrealistengruppe. Rückzug nach Saint-Martin d'Ardèche/Avignon. 1939 Internierung. 1941 Flucht nach New York. 1946 Übersiedlung nach Sedona/Arizona. 1953 Rückkehr nach Paris. Reise durch das Rheinland. 1954 Großer Preis für Malerei auf der Biennale in Venedig. 1955 Übersiedlung nach Huismes/Touraine. 1968 Übersiedlung nach Seillans/Südfrankreich. Gestorben 1976 in Paris.

Lyonel Feininger

Geboren 1871 in New York. 1887 Besuch der Kunstgewerbeschule in Hamburg. 1888–1894 mit Unterbrechungen Studium an der Berliner Akademie. 1890/91 Schüler am Jesuiten-Collège in Lüttich. Sommeraufenthalte auf Rügen. 1894–1910 Tätigkeit als Karikaturist bei verschiedenen Zeitungen und Zeitschriften. 1906–1908 Aufenthalt in Paris. Begegnung mit dem Kubismus. Kontakt zu Robert Delaunay. 1908 Übersiedlung nach Berlin. Freundschaft mit Heckel, Schmidt-Rottluff und Alfred Kubin. 1913 Reise durch Thüringen. 1917 erste Einzelausstellung in der Galerie »Der Sturm«. 1918 Mitglied im »Arbeitsrat für Kunst«. 1919 Berufung zum Bauhaus-Meister für die graphische Druckerei. 1920–1925 in Weimar, 1926–1933 in Dessau. 1926 gemeinsam mit Klee, Kandinsky und Jawlensky Bildung der Ausstellungsgemeinschaft »Blaue Vier«. 1937 Diffamierung als »entarteter Künstler«. Beschlagnahme von 378 seiner Werke aus deutschem Museumsbesitz. Übersiedlung in die USA. 1947 Präsident der »Federation of American Painters und Sculptors«. Gestorben 1956 in New York.

Conrad Felixmüller

Geboren 1897 in Dresden als Felix Müller. 1911 Besuch der Dresdner Kunstgewerbeschule. 1912 Studium an der Königlichen Kunstakademie in Dresden. 1915 erste Ausstellung im Kunstsalon von Emil Richter. Kontakte zum »Sturm«. Mitarbeit an Franz Pfempferts »Aktion«. 1917 Mitbegründer der »Expressionistischen Arbeitsgemeinschaft Dresden«. 1918 Mitglied der »Sozialistischen Gruppe Geistesarbeiter Dresdens«. 1919 Erster Vorsitzender der »Dresdener Sezession

Gruppe 1919«. Eintritt in die KPD. Mitglied der »Novembergruppe«. Freundschaft mit dem Dichter Friedrich Wolf. 1920/21 Studienreise durch das Ruhrgebiet. 1933 Diffamierung als »entarteter Künstler«. 1934 Übersiedlung nach Berlin. 1937 Beschlagnahme von 151 seiner Werke aus deutschem Museumsbesitz. 1941 Verlust seines Berliner Ateliers. 1944 Übersiedlung nach Tautenhain bei Geithain. 1949–1961 Lehrtätigkeit an der Universität Halle/Saale. 1961 Rückkehr nach Berlin. Gestorben 1977 in Berlin.

Erich Heckel

Geboren 1883 in Döbeln/ Sachsen. 1901 Freundschaft mit Schmidt-Rottluff. 1904–1905 Architekturstudium in Dresden. Freundschaft mit Kirchner und Fritz Bleyl. 1905 Mitbegründer der Künstlergruppe »Brücke«. 1907–1910 Aufenthalte in Dangast/Oldenburg und an den Moritzburger Seen. 1911 Übersiedlung nach Berlin. Übernahme des Ateliers von Mueller. Mitbegründer der dortigen Sezession. 1912 Freundschaft mit Marc, A. Macke und Feininger. Beteiligung an der zweiten Ausstellung des »Blauen Reiters« in München und an der Sonderbund-Ausstellung in Köln. 1913 Auflösung der »Brücke«. Erste Einzelausstellungen. 1914 Mitglied der »Freien Sezession«. 1914–1918 Sanitätssoldat. Begegnungen mit Beckmann und James Ensor. 1918 Rückkehr nach Berlin. Einzelausstellungen bei Cassirer und Neumann. 1919–1944 jährliche Aufenthalte in Osterholz/Flensburger Förde. 1921–1942 zahlreiche Reisen durch Deutschland, nach Frankreich, England, Schweden, Spanien, Italien, Österreich und in die Schweiz. 1937 als »entarteter« Künstler verfemt. Ausstellung von zehn Arbeiten bei »Entartete Kunst«. Konfiszierung von 729 Werken aus deutschen Museen. 1944 Übersiedlung nach Hemmhofen/ Bodensee. 1949–1955 Professor an der Hochschule der Bildenden Künste Karlsruhe. Gestorben 1970 in Radolfzell am Bodensee.

Adolf Hölzel

Geboren 1853 in Olmütz/Mähren. 1868 Ausbildung zum Schriftsetzer. 1872–1876 Studium an der Wiener Akademie. 1876–1882 Studium an der Münchner Akademie. 1882 erste Parisreise. 1888–1905 in Dachau. 1901 Gründung der »Dachauer Malerschule«. Erste theoretische Publikation »Über Formen und Massenverteilung im Bilde«. 1905 Reise nach Padua und Venedig. 1905–1919 Professor an der Stuttgarter Akademie. Lehrer u.a. von Baumeister, Schlemmer, Itten. 1916 Ernennung zum Direktor der Stuttgarter Akademie. 1918 Erste Retrospektive in der Kestner Gesellschaft in Hannover. 1920 Dr. Ing. e. h. der Technischen Hochschule Aachen. 1933 als »entarteter« Künstler diffamiert. Ausstellungsverbot. Gestorben 1934 in Stuttgart.

Bernhard Hoetger

Geboren 1874 in Hörde/Westfalen. 1888–1892 Ausbildung zum Steinmetz in Detmold. 1892–1894 Tätigkeiten u.a. in Dresden, Berlin und Dortmund. 1895 Technischer Leiter einer Werkstatt für Kirchenmöbel. 1898 Studium an der

Düsseldorfer Kunstakademie. 1900 Übersiedlung nach Paris. 1901 Teilnahme am »Salon des Indépendants« und Ausstellungen der Société Nationale. 1903 erste Einzelausstellung in Hagen. 1905 Vermählung mit Lee Haken. 1906 Freundschaft mit Modersohn-Becker. 1907 Übersiedlung nach Holthausen/Westf. Während der Wintermonate in Paris. 1911 Professor an der Künstlerkolonie Mathildenhöhe/Darmstadt. Aufenthalt in Florenz. 1913 Übersiedlung nach Fischerhude/Worpswede. 1916 Ausstellung bei Paul Cassirer in Berlin. 1928 Friedrich-Ebert Denkmal in Dortmund-Hörde. 1932–1934 Aufenthalte in der Schweiz, in Portugal, Paris und Rom. 1934 Rückkehr nach Berlin. 1934–1938 Mitglied in der NSDAP. 1936/1937 in Portugal. Einige seiner Arbeiten werden in der Ausstellung »Entartete Kunst« gezeigt. 1938–1943 in Berlin. 1943 Übersiedlung in die Schweiz. Gestorben 1949 in Interlaken.

Carl Hofer

Geboren 1878 in Karlsruhe. 1897–1901 Studium in Karlsruhe bei Thoma. 1902/03 Meisterschüler an der Kunstakademie Stuttgart bei von Kalckreuth. 1899 Reise mit Emil R. Weiß nach Paris. 1900/01 mehrmonatiger Parisaufenthalt. 1903–1908 Romaufenthalt. Begegnung mit Werken von Cézanne, El Greco und Delacroix. 1908–1913 Paris. 1913 Berlin. 1910/11 und 1911/12 mehrmonatige Reisen nach Indien. 1914 Internierung in Frankreich. 1917 Reise in die Schweiz. 1920 Lehrer für Malerei an der Vereinigten Staatsschule für freie und angewandte Kunst in Berlin-Charlottenburg. 1921 Ernennung zum Professor. 1923 Mitglied der Preußischen Akademie der Künste. 1928 im Vorstand der »Berliner Sezession«. 1933 Diffamierung als »entarteter Künstler«. Beurlaubung. 1934 Entlassung aus dem Lehramt. Arbeits- und Ausstellungsverbot. 1937 Beschlagnahme von 313 seiner Werke aus öffentlichen und privaten Einrichtungen. 1938 Ausschluß aus der Akademie. 1943 Verlust des Berliner Ateliers durch Kriegseinwirkung. 1945 Ernennung zum Direktor der Hochschule für Bildende Künste in Berlin-Charlottenburg. 1950 Präsident des Deutschen Künstlerbundes. Gestorben in Berlin 1955.

Alexej von Jawlensky

Geboren 1867 in Torschok/Rußland. 1882–1896 Offizierslaufbahn. 1889–1896 Studium an der Petersburger Akademie. 1896 Übersiedlung nach München mit Marianne von Werefkin. Besuch der Malerschule von Anton Ažbé. 1897 Bekanntschaft mit Kandinsky. 1903 Teilnahme an der »Berliner Sezession«. 1903–1907 zahlreiche Aufenthalte in Frankreich. Bekanntschaft mit Matisse. 1908/1909 Sommeraufenthalte in Murnau mit Kandinsky, von Werefkin und Münter. 1909 mit Adolf Erbslöh, Kanoldt, Kubin, Münter, von Werefkin und Kandinsky Begründer der »Neuen Künstlervereinigung München«. 1911 Besuch bei Marc. Trifft Klee. 1912 Austritt aus der »Neuen Künstlervereinigung München«. Mitglied des »Blauen Reiters«. Beteiligung an der Sonderbund-Ausstellung in Köln und an der Ausstellung des »Blauen Reiters«. Freundschaft mit Nolde. 1913 Beteiligung am »Ersten Deutschen Herbstsalon«. 1914 Erste

Einzelausstellung. Ausweisung aus Deutschland und Emigration in die Schweiz, St.Prex am Genfer See. Besuch bei Amiet und Hodler. 1917 Übersiedlung nach Zürich. Kontakte zu Arp, Lehmbruck und Paul Cassirer. 1918 in Ascona. 1920 Ablehnung einer Professur am Bauhaus. Freundschaft mit Archipenko. 1921 Übersiedlung nach Wiesbaden. 1924 Begründer der Gruppe »Die Blauen Vier« mit Kandinsky, Klee und Feininger. 1933 Ausstellungsverbot. 1937 als »entarteter« Künstler verfemt: vier Bilder in der Ausstellung »Entartete Kunst«. 72 Werke aus öffentlichen Sammlungen werden beschlagnahmt. Gestorben 1941 in Wiesbaden.

Wassily Kandinsky
Geboren 1866 in Moskau. 1886–1893 Studium der Nationalökonomie und Rechtswissenschaften in Moskau. Promotion an der juristischen Fakultät. 1895 künstlerischer Leiter der Kusverev-Druckerei in Moskau. Begegnung mit den Werken Monets. 1896 Übersiedlung nach München. 1896–1899 Besuch der privaten Kunstschule von Azbé. Studium an der Münchener Akademie bei von Stuck. 1897 Bekanntschaft mit Jawlensky und Marianne von Werefkin. 1901 Mitbegründer der Künstlergruppe »Phalanx«. 1903–1906 Reisen nach Tunesien, Italien, Holland, Rußland und Frankreich. 1909 Gründung der »Neuen Künstlervereinigung München«. Freundschaft zu Marc, A. Macke und Klee. 1911 Gemeinsam mit Marc Gründung des »Blauen Reiters«. 1914 Reise in die Schweiz. Übersiedlung nach Rußland. Mitglied im Kommissariat für Volksbildung. 1920 Professor für Kunstwissenschaft an der Universität Moskau. 1921 Übersiedlung nach Berlin. 1922–1933 Lehrer am Bauhaus in Weimar und Dessau. 1924 mit Feininger, Klee und Jawlensky Bildung der »Blauen Vier«. 1931 Reisen in den Vorderen Orient und Griechenland. 1933 Diffamierung als »entarteter Künstler«. Übersiedlung nach Frankreich. 1937 Beschlagnahme von 57 seiner Werke aus deutschem Museumsbesitz. Gestorben 1944 in Neuilly-sur-Seine.

Ernst Ludwig Kirchner
Geboren 1880 in Aschaffenburg. 1901–1905 Beginn des Architekturstudium in Dreden. Bekanntschaft mit Bleyl. 1903/1904 Wintersemester an der Technischen Hochschule München. 1904 Fortsetzung des Studiums in Dresden. Bekanntschaft mit Heckel. 1905 Diplom. Begegnung mit Schmidt-Rottluff. Mitbegründer der »Brücke«. 1907–1911 Sommeraufenthalte mit den Künstlern der »Brücke« in Goppeln, auf Fehmarn und an den Moritzburger Seen. 1910–1911 Mitglied der Berliner »Neuen Sezession«. 1911 Übersiedlung nach Berlin. Gründung des MUIM-Instituts (Moderner Unterricht in Malerei) mit Pechstein. 1912 Beteiligung an der 2. Ausstellung des »Blauen Reiters« in München und an der Sonderbund-Ausstellung in Köln. 1913 »Brücke«-Chronik führt zur Auflösung der Künstlergruppe. 1914 Beteiligung an der Werkbund-Ausstellung in Köln. Mitglied der Berliner »Freien Sezession«. 1915 Kriegsdienst in Halle. Seelischer und körperlicher Zusammenbruch. 1916 Sanatoriumsaufenthalt. 1917 Übersiedlung nach Davos. 1918 Sanatoriumsaufenthalt in Kreuzlingen/Bodensee. 1923 Übersiedlung

nach Frauenkirch-Wildboden im Sertigtal. 1925/1926 Besuch in Dresden. 1931–1937 Mitglied der Preußischen Akademie der Künste in Berlin. 1933 Retrospektive in der Kunsthalle Bern. 1936 bei Klee in Bern. 1937 Diffamierung als »entarteter Künstler«: 32 Arbeiten bei der Ausstellung »Entartete Kunst«. 639 Werke werden beschlagnahmt. Erste Ausstellung in Detroit. Freitod 1983 in Davos.

Paul Klee

Geboren 1897 in Münchenbuchsee bei Bern. 1898 Studium an der Privatschule von Erwin Knirr in München. 1900 Studium an der Münchener Akademie bei Stuck. 1901/02 mit dem Bildhauer Hermann Haller Reise nach Italien. 1902–1906 in Bern. 1908/1909 Begegnung mit den Werken van Goghs, von Marées und Cézannes in München. 1911 Kontakte zum »Blauen Reiter«. Parisaufenthalt. Begegnung mit Delaunay und Uhde. 1914 Reise mit A. Macke und Moilliet nach Tunis und Kairouan. Gründungsmitglied der »Neuen Münchner Sezession«. 1916–1918 Kriegsdienst. 1920 Berufung an das Weimarer Bauhaus. 1924 Bildung der Ausstellungsgruppe »Die blaue Vier« mit Feininger, Kandinsky und Jawlensky. Übersiedlung nach Dessau. 1926 und 1928 Reisen nach Frankreich, Italien und Ägypten. 1931 Berufung an die Düsseldorfer Kunstakademie. 1933 Diffamierung als »entarteter Künstler«. Entlassung. Übersiedlung nach Bern. 1937 Beschlagnahme von 102 seiner Werke aus deutschem Museumsbesitz. Gestorben 1940 in Muralto/Locarno.

Oskar Kokoschka

Geboren 1886 in Pöchlarn/Österreich. 1905–1909 Besuch der Wiener Kunstgewerbeschule. 1907 Mitarbeiter der »Wiener Werkstätte«. 1908 Bekanntschaft mit Adolf Loos, Karl Kraus und Peter Altenberg. 1910 Reise nach Berlin. Mitarbeiter der Zeitschrift »Der Sturm«. 1911 Rückkehr nach Wien. Lehrer an der Kunstgewerbeschule. 1913 gemeinsam mit Alma Mahler Reise nach Italien. 1914 Begegnung mit Georg Trakl. Als Freiwilliger in den Kriegsdienst. 1915 Verwundung. 1919–1923 Professor an der Dresdner Akademie. 1924–1933 Reisen durch Europa und Nordafrika. 1933/34 Wien. Übersiedlung nach Prag. Diffamierung als »entarteter Künstler«. 1937 Beschlagnahme von 417 seiner Werke aus deutschem Museumsbesitz. 1938 Flucht von Prag nach London. 1943–1946 Präsident der »Free German League of Culture«. 1952 Reise in die USA, Gastdozent an der School of Art in Minneapolis. 1953 Übersiedlung nach Villeneuve/Schweiz. 1953–1962 Leitung der Sommerkurse »Schule des Sehens« in Salzburg. Gestorben 1980 in Montreux.

Käthe Kollwitz

Geboren 1867 in Königsberg als Käthe Schmidt. 1883 Reise ins Engadin, Bekanntschaft mit Gerhart Hauptmann. 1885–1888 Besuch der Zeichenschule des Berliner »Vereins der Künstlerinnen«. Begegnung mit den Radierungen Klingers. 1888/89 Studium der Malerei bei Herterich in München. 1890 Rückkehr nach Königsberg. Heirat mit dem Arzt Karl Kollwitz. 1891 Übersiedlung nach Berlin. 1898–1903 Lehrerin an der Berliner Künstlerinnen-Schule. 1899 Mitglied der »Berliner Sezession«. 1904 Paris, Besuch der Académie Julian. Begegnung mit Rodin. 1919 Ernennung zur Professorin und Mitglied der Preußischen Akademie der Künste in Berlin. 1927 Rußlandreise. 1933 Amtsenthebung und Austritt aus der Akademie. 1936 Ausstellungsverbot. 1943 Verlust von Wohnung und Atelier durch Kriegseinwirkung. Übersiedlung nach Nordhausen. 1944 Übersiedlung nach Moritzburg. Gestorben 1945 auf Schloß Moritzburg bei Dresden.

Henri Laurens
Geboren 1885 in Paris. 1899 Lehre im Atelier eines Dekorbildhauers. 1902 Tätigkeiten als Bildhauer unter dem Einfluß von Rodin. 1911 Freundschaft mit Braque. 1913 Beteiligung an der Ausstellung im »Salon des Indépendants«. 1915 Freundschaft mit Picasso, Gris, Modigliani und Matisse. 1917 erste Einzelausstellung. 1932 Freundschaft mit Maillol und Roussel. 1937 Ausstellung zahlreicher Werke bei der Weltausstellung. 1938 große Gruppenausstellung mit Braque und Picasso in Oslo, Stockholm und Kopenhagen. 1948 Vertritt Frankreich auf der Biennale in Venedig. 1948 große Ausstellung im Palais des Beaux-Arts in Brüssel. 1950 Teilnahme an der Biennale für Italien. 1951 Retrospektive im Musée National d'Art moderne in Paris. 1953 Laurens erhält auf der Biennale von São Paulo den Großen Preis für Skulptur. Gestorben 1954 in Paris.

Wilhelm Lehmbruck
Geboren 1881 in Meiderich bei Duisburg. 1895–1899 Besuch der Kunstgewerbeschule in Düsseldorf. 1901–1907 Studium an der Kunstakademie Düsseldorf. Beschäftigung mit Rodin und Meunier. 1904/1905 Reisen nach Holland, England und Italien. 1906 Beteiligung an der »Deutschen Kunstausstellung« in Köln. 1907–1909 Mitglied der »Vereinigung Düsseldorfer Künstler« und der »Société Nationale des Beaux Arts«. 1910 Beteiligung an den Ausstellungen der »Berliner Sezession« und der »Sonderbund«-Ausstellung in Köln. 1910–1914 in Paris. 1911 Kontakt zu Archipenko, Brancusi, Léger, Matisse und Modigliani. Begegnung mit den Werken Maillols. 1913 Beteiligung an der Armory Show in New York. 1914 in Berlin. 1915 Sanitäter in Berlin. Kriegsmaler in Straßburg. 1917–1918 in Zürich. 1919 Mitglied der Preußischen Akademie der Künste in Berlin. Freitod 1919 in Berlin. 1937 zwei Arbeiten in der Ausstellung »Entartete Kunst«.

Jacques Lipchitz
Geboren 1891 in Druskieniki/ Litauen. 1909–1911 in Paris. Studium an der École des Beaux Arts und der Académie Julian. 1911–1915 Freundschaft mit Diego Rivers und Modigliani, Soutine, Picasso und Gris. 1914 in Spanien. 1924 französische Staatsbürgerschaft. 1930 erste Retrospektive mit 100 Werken in Paris.

1935 erste große Ausstellung in New York. 1937 Goldmedaille für Skulptur bei der Weltausstellung in Paris. 1938 Teilnahme an der Ausstellung »Les Maîtres de l'Art Indépendants«. 1941 Emigration nach New York. 1954 Retrospektive im Museum of Modern Art in New York. 1958 Ehrendoktorwürde der Brandeis Universität. Große Wanderausstellung durch Europa: Amsterdam, Otterlo, Basel, Dortmund, Paris, Brüssel, London. 1963 jährliche Sommeraufenthalte in Italien. Retrospektive Wanderausstellung durch die USA. 1970–1972 Retrospektive in Berlin, Duisburg, Baden-Baden, Wien, Tel Aviv, Jerusalem. Gestorben 1973 auf Capri.

August Macke

Geboren 1887 in Meschede. 1904–1906 Studium an der Kunstakademie und der Kunstgewerbeschule in Düsseldorf. 1905 erste Reise nach Italien. 1906 Reise nach Holland. Belgien und England. 1907 erste Reise nach Paris. 1907–1908 Besuch der Malerschule von Corinth. 1908 Aufenthalte in Italien und Paris. 1908/1909 Militärdienst. 1909 Begegnung mit Hofer und Freundschaft zu Moilliet. 1909/1910 Tegernsee. 1910 Kontakt zur »Neuen Künstlervereinigung München«. Freundschaft mit Marc, Kandinsky und Jawlensky. 1911 Rückkehr nach Bonn. Mitarbeit am Almanach »Der Blaue Reiter« und der »Sonderbund«-Ausstellung in Köln. 1912 Reise nach Paris zusammen mit Marc. Besuch von Delaunay und Guillaume Apollinaire. Organisation des »Ersten Deutschen Herbstsalons« in Berlin. 1913 Initiator der Ausstellung »Rheinischer Expressionismus« in Bonn. Übersiedlung nach Hilterfingen am Thuner See. 1914 Tunisreise im April mit Klee und Moilliet. Ab August Kriegsdienst. Gefallen einige Wochen später bei Perthes/Champagne.

Helmuth Macke

Geboren 1891 in Krefeld. 1906–1908 Studium an der Kunstgewerbeschule in Krefeld bei Thorn-Prikker. Gemeinsames Atelier mit Campendonk und Freundschaft mit seinem Vetter A. Macke. 1909/1910 in Tegernsee bei A. Mackes. Freundschaft mit Marc. 1910 mit Heinrich Nauen in Osbroich bei Krefeld. 1910/1911 in München und Sindelsdorf. Verbindung zum »Blauen Reiter«. 1912 Übersiedlung nach Berlin. Freundschaft mit Heckel. Beteiligung an der »Sonderbund«-Ausstellung in Köln. 1913 Beteiligung am »Ersten Deutschen Herbstsalon« in Berlin, an der Ausstellung »Rheinischer Expressionisten« in Bonn und der Ausstellung der Galerie Flechtheim in Düsseldorf. 1914–1918 Kriegsdienst. 1919–1925 in Bonn. 1923 Reise nach Leipzig. 1925–1929 in Krefeld. 1929–1930 in Rom, Villa Massimo. 1930/1931 Atelier in Ascona. Verbindung zu Rohlfs und von Werefkin. 1933 Übersiedlung nach Hemmenhofen am Bodensee. Ertrunken 1936 im Bodensee.

Aristide Maillol

Geboren 1861 in Banyuls-sur-Mer. 1885 Studium der Malerei. 1892 Bekanntschaft mit Gauguin. Mitglied der Nabis. 1893 Ausstellung im »Salon de la Société

Nationale«. 1900 Beginn der Bildhauerei. 1902 erste Einzelausstellung bei Ambroise Vollard. 1904 Teilnahme am »Salon d'Automne«. Jährliche Aufenthalte in Marly-le-Roi bei Paris. 1905 Freundschaft mit Matisse. Kontakt zu Karl-Ernst Osthaus. Teilnahme an der »Internationalen Kunstausstellung« in Mannheim. 1907 Teilnahme an der Ausstellung der »Berliner Sezession«. 1908 Griechenlandreise. 1925 erste Ausstellung in den USA. 1928 Reise nach Deutschland. Begegnung mit Barlach. 1933 Retrospektive in der Kunsthalle Basel. 1936 Italienreise. Mehrere Reisen nach Deutschland. Gestorben 1944 in Marly-le-Roi.

Franz Marc

Geboren 1880 in München. 1900–1903 Besuch der Münchener Akademie. 1901 Reise nach Italien. 1903 Studienreise nach Frankreich. Begegnung mit Werken van Goghs. 1905 Bekanntschaft mit Hölzel. 1906 Reise nach Griechenland. 1908 Bekanntschaft mit Jawlensky, Kandinsky, Münter und Kanoldt. 1909 Mitglied der »Neuen Künstlervereinigung München«. 1910 Freundschaft mit A. Macke. 1911 gemeinsam mit Kandinsky Gründung der Gruppe »Blauer Reiter«. 1912 mit A. Macke Reise nach Paris, Begegnung mit Delaunay. 1913 Beteiligung am Berliner Ersten Deutschen Herbstsalon von Herwarth Walden. 1914 Übersiedlung nach Ried bei Benediktbeuren. 1914 als Freiwilliger Kriegsdienst. Gestorben 1916 in Verdun. 1937 Beschlagnahme von 130 seiner Werke aus öffentlichen deutschen Sammlungen.

Ewald Mataré

Geboren 1887 in Aachen. 1905 Privatunterricht bei dem Bildhauer Karl Kraus. 1907–1914 Studium der Malerei an der Kunstakademie in Berlin. Schüler von Corinth. 1918 Mitglied der »Novembergruppe«. 1920 Hinwendung zur Bildhauerei. 1920–1923 Sommeraufenthalte auf nordfriesischen Inseln. 1932 Professor an der Kunstakademie in Düsseldorf. 1933 Entlassung aus dem Staatsdienst. 1937 als »entarteter« Künstler diffamiert. Eine Arbeit in der Ausstellung »Entartete Kunst«. 1945 Wiederberufung nach Düsseldorf. 1952 Thorn Prikker-Preis der Stadt Krefeld. 1953 Großer Kunstpreis des Landes Nordrhein-Westfalen. Gestorben 1965 in Büderich bei Neuss.

Paula Modersohn-Becker

Geboren 1876 in Dresden. 1888 Übersiedlung nach Bremen. 1892 Englandaufenthalt. Besuch der School of Art in London. 1893–95 Besuch des Lehrerinnenseminars in Bremen. Zeichenunterricht bei Wiegandt. 1896 Übersiedlung nach Berlin. Besuch der Malschule des »Vereins Berliner Künstlerinnen«. 1897 Sommeraufenthalt in Worpswede, Unterricht bei Mackensen. Bekanntschaft mit Otto Modersohn. 1898 Reise nach Norwegen. Übersiedlung nach Worpswede. Freundschaft mit Clara Westhoff. 1899 Begegnung mit Carl Hauptmann, Reise in die Schweiz. 1900 Parisaufenthalt, Besuch der Académie Colarossi und der École des Beaux Arts. Gemeinsam mit Westhoff Atelier bei Rodin. Bekanntschaft mit Nolde. Begegnung mit Werken Cézannes. 1901

Heirat mit Otto Modersohn in Worpswede. 1903 Paris, Kurse an der Académie Colarossi. Rückkehr nach Worpswede. 1905 Paris, Aktkurs an der Académie Julian in Paris. 1907 Rückkehr nach Worpswede. Geburt ihrer Tochter. Gestorben 1907 in Worpswede.

Oskar Moll
Geboren 1875 in Brieg/Schlesien. 1896 Studium der Biologie in Hannover, Genf und Basel. 1897 Übersiedlung nach Berlin. Freundschaft mit dem Kunsthistoriker Richard Hamann und dem Industriellen Hermann Harkort aus Wetter/Ruhr. Privater Zeichen- und Malunterricht u. a. bei Corinth und Hübner. 1898-1900 Arbeit in der Maler-Kolonie Nidden/Ostpreußen. Reisen nach Italien, Norwegen, Rußland, Türkei, Ägypten, England, Irland, Holland und Belgien. 1900 Freundschaft mit Corinth. Hospitation in dessen Atelier. 1902 Mitglied der »Berliner Sezession«. Ausstellung mit Munch bei Paul Cassirer in Berlin. 1907–1908 in Paris. Begegnung mit Matisse. Gründung der »Académie Henri Matisse« und Erwerb einer bedeutenden Matisse-Sammlung. 1908 Übersiedlung nach Berlin. Jährliche Besuche in Paris. 1912 auf Korsika mit dem Ehepaar Purrmann. 1914 Mitglied der »Freien Sezession« in Berlin. 1918 Mitbegründer der »Novembergruppe«. Freundschaft mit dem Kunsthistoriker Wilhelm Pinder. Professor an die Kunstakademie Breslau. 1926 Direktor der Kunstakademie Breslau. Berufung des Architekten Hans Scharoun, der Maler Schlemmer, Kanoldt, Muche und des Graphikers Johannes Molzahn. 1932 Schließung der Breslauer Akademie. Professor an der Düsseldorfer Kunstakademie. 1933 Entlassung aus dem Staatsdienst. Übersiedlung nach Berlin. 1935 Schließung einer Ausstellung im Düsseldorfer Kunstverein. Ausstellungsverbot. 1937 zwei Werke in der Ausstellung »Entartete Kunst«. 1943 Zerstörung eines großen Teils der Arbeiten bei einem Bombenangriff. Flüchtling in Schlesien und Sachsen. Gestorben 1947 in Berlin.

Wilhelm Morgner
Geboren 1891 in Soest. 1908 Schüler bei Georg Tappert in Worpswede. 1909 Rückkehr nach Soest. Freier Maler. Beginn des Briefwechsels mit Tappert. 1911 Beteiligung an der Ausstellung der Berliner »Neuen Sezession«. 1912 Kontakt zu Marc. Teilnahme an der zweiten Ausstellung des »Blauen Reiters« in München und an der »Sonderbund«-Ausstellung in Köln. 1913 Teilnahme an der Wanderausstellung von Herwarth Waldens »Sturm-Galerie« in Budapest. 1914 Kriegsdienst. Teilnahme an der sechsten Ausstellung der »Freien Sezession« in Berlin. Verwundung und Aufenthalt in Berliner Lazarett. Genesungsaufenthalt in Soest und Freundschaft mit Viegner. 1915 als Soldat in Rußland. Auszeichnung mit dem Eisernen Kreuz II. Klasse. Erkrankung. Lazarettaufenthalt in Polzin/Pommern. 1916 als Kriegszeichner in Bulgarien und in Mazedonien. Gefallen 1917 bei Langemark/Flandern. 1937 als »entarteter« Künstler verfemt. Beschlagnahmung von 76 Werken aus deutschen Museen.

Otto Mueller

Geboren 1874 in Liebau/Riesengebirge. 1890–1894 Lithografenausbildung in Görlitz. 1894–1896 Studium an der Kunstakademie in Dresden. Reisen mit Gerhart Hauptmann in die Schweiz und nach Italien. 1898 Übersiedlung nach München. 1899 Rückkehr nach Dresden. 1900–1903 Aufenthalte im Riesengebirge und Böhmen. Bekanntschaft mit Modersohn-Becker. 1906–1907 in Schlesien. 1908/09 Übersiedlung nach Berlin. Kontakte zu Lehmbruck und Rilke. 1910 Beitritt zur Künstlergruppe »Brücke«. 1911 gemeinsam mit Heckel und Kirchner Sommeraufenthalte an der Ostsee. 1913 Auflösung der »Brücke«. 1916–1918 Kriegsdienst. 1918 Rückkehr nach Berlin. 1919–1930 Professor an der Kunstakademie Breslau. 1924–1928 Reisen nach Dalmatien, Ungarn. Frankreich, Rumänien und Bulgarien. Gestorben 1930 in Breslau. Beschlagnahme von 357 seiner Werke aus öffentlichen deutschen Sammlungen.

Emil Nolde

Geboren 1867 in Nolde/Nordschleswig als Emil Hansen. 1884–1888 Lehre als Holzschnitzer in einer Flensburger Möbelfabrik. 1888–1890 Arbeit in Möbelfabriken in München, Berlin, Karlsruhe. Besuch der Kunstgewerbeschule in Karlsruhe. Übersiedlung nach Berlin. 1892–1897 Lehrer für ornamentales Zeichnen und Modellieren am Kunstgewerbemuseum in St. Gallen. 1898 Besuch der Malschule Fehr in München und der Hölzel-Schule in Dachau. 1899/1900 Parisaufenthalt. 1901–1902 in Lildstrand/Jütland. 1903–1913 Sommeraufenthalte auf Alsen, Wintermonate in Berlin. 1904–1905 Italien. 1906–1907 Mitglied der »Brücke«-Gruppe und der »Berliner Sezession«. Begegnung mit Munch. 1911 Mitglied der »Neuen Sezession«. Reisen nach Holland und Belgien. Begegnung mit Ensor. 1913–1914 mit einer Expedition des Reichskolonialamtes nach Rußland, Japan und in die Südsee. 1916 Übersiedlung nach Utenwarf. 1921 Aufenthalt in Frankreich, England, Spanien und der Schweiz. 1924 Reisen nach Italien und Österreich. 1926 Übersiedlung nach Seebüll. 1931 Mitglied der Preußischen Akademie der Künste. 1936 Ausstellungsverbot. 1937 Beschlagnahme von 1.052 seiner Werke aus deutschem Museumsbesitz. 1941 Arbeitsverbot. 1944 Verlust des Berliner Ateliers. Gestorben 1956 in Seebüll.

Otto Pankok

Geboren 1893 in Mühlheim/Ruhr. 1912/1913 Studium an den Kunstakademien in Düsseldorf und Weimar. 1914 in Paris. Kriegsdienst. 1919 in Düsseldorf, Mitbegründer der »Gruppe Ey«, »Junges Rheinland« und der »Rheinischen Sezession«. 1924/1925 Italienreisen. 1927–1931 Aufenthalte in Südfrankreich und Spanien. 1931–1934 in Arbeiter-Siedlung und Sinti- und Romalager in Heinefeld bei Düsseldorf. 1933 Besuch bei Else Lasker-Schüler in Ascona. 1936 Arbeitsverbot. Beschlagnahmung der Publikation »Die Passion«. 1937 Aufenthalt in Oberbayern. Entfernung und Vernichtung von 56 Graphiken aus deutschen Museen. Eine Lithographie in der Ausstellung »Entartete Kunst« in München. 1938–1941 Aufenthalt im Emsland. 1939 Hauptteil der Arbeiten in Wambel bei

Soest versteckt. Emigrationsversuch in die Schweiz scheitert. 1942 Übersiedlung in die Eifel. 1946 Übersiedlung nach Düsseldorf. 1947–1958 Professor an der Kunstakademie in Düsseldorf. 1950–1956 Reisen nach Frankreich und Jugoslawien. 1953 Graphikpreis der Biennale in São Paulo. 1957 Mitglied der Deutschen Akademie der Künste in Berlin. 1958 Übersiedlung ins Haus Esselt in Hünxe-Drevenack bei Wesel/Niederrhein. 1964 Verleihung des Ruhrpreises für Kunst und Wissenschaft der Stadt Mühlheim/Ruhr. Gestorben 1966 in Wesel. 1968 Eröffnung des Otto Pankok-Museums im Haus Esselt.

Max Pechstein
Geboren 1881 in Zwickau. 1896–1900 Malerlehre. 1900 Übersiedlung nach Dresden. Besuch der dortigen Kunstgewerbeschule. 1902–1906 Studium an der Kunstakademie Dresden. 1906 Begegnung mit Heckel und Kirchner. Eintritt in die Künstlergruppe »Brücke«. 1907 Reisen nach Rom und Paris. 1908 Übersiedlung nach Berlin. 1909 Mitglied der »Berliner Sezession«. 1909/1910 Sommeraufenthalt an den Moritzburger Seen mit Heckel und Kirchner. 1910 Mitbegründer der »Neuen Sezession«. Im Sommer mit Heckel und Schmidt-Rottluff in Dangast. 1911 Gründung des MUIM-Instituts (Moderner Unterricht in Malerei) mit Kirchner. 1912 Ausschluß von der »Brücke«, wegen Ausstellungsbeteiligung in der »Berliner Sezession«. Beteiligung an der zweiten Ausstellung des »Blauen Reiters« in München und der Sonderbund-Ausstellung in Köln. 1913/1914 Reisen durch Europa und zu den Palau-Inseln in der Südsee. 1914 in japanischer Kriegsgefangenschaft. Mitglied der Berliner »Freien Sezession«. 1916/1917 Kriegsdienst. 1918 Mitbegründer des »Arbeitsrates für Kunst« mit Georg Tappert. Organisator der »November-Gruppe«. 1919–1922 Reisen durch Deutschland und in Schweiz. 1920 Wahl in den Vorstand der »Freien Sezession«. 1922 Mitglied der Preußischen Akademie der Künste in Berlin. 1921–1944 jährliche Aufenthalte in Leba und Rowe in Pommern. 1923 Professor an der Vereinigten Staatsschule für freie und angewandte Kunst in Berlin. 1933 Berufs- und Ausstellungsverbot. Ausschluß aus der Preußischen Akademie der Künste. 1937 15 Werke in der Ausstellung »Entartete Kunst« in München. Beschlagnahmung von 326 Werken aus deutschen Museen. 1940–1945 zurückgezogenes Leben in Pommern. 1945 Wiederernennung zum Professor an der Hochschule für Bildende Künste in Berlin. 1951 Ehrensenator der Hochschule für Bildende Künste in Berlin. 1952 Verleihung des Großen Verdienstkreuzes der Bundesrepublik Deutschland. Gestorben 1955 in Berlin.

Christian Rohlfs
Geboren 1849 in Niendorf/Holstein. 1870–1881 Studium an der Kunstakademie in Weimar. 1881 eigenes Atelier. 1895 in Berlin. 1900 erster Kontakt mit Karl–Ernst Osthaus durch Vermittlung von van de Velde. 1901 Übersiedlung nach Hagen/Westfalen an das entstehende Museum Folkwang, Museum von Karl-Ernst Osthaus. Sommeraufenthalte in Weimar. 1902 Professor in Weimar. 1904 Bekanntschaft mit Munch. 1905 Sommeraufenthalte in Soest. Freundschaft

mit Nolde. 1907 Mitglied des von Osthaus gegründeten »Sonderbundes westdeutscher Kunstfreunde und Künstler«. 1909/1910 Beteiligung an den »Sonderbund«-Ausstellungen in Düsseldorf. 1911 Mitglied der Berliner »Neuen Sezession«. 1914 Mitglied der »Freien Sezession«. 1919 Ausstellung in der Nationalgalerie in Berlin, in der Kestner-Gesellschaft in Hannover und der Galerie Flechtheim in Düsseldorf. 1919–1921 Mitglied des »Arbeitsrates für Kunst«. 1920 Ausstellung bei Paul Cassirer in Berlin. 1922 Verleihung des Dr.-Ing.e.h. der Technischen Hochschule Aachen. 1924 Ehrenbürgerschaft der Stadt Hagen und Mitglied der Preußischen Akademie der Künste in Berlin. 1925 Verleihung des Dr. phil. h. c. der Universität Kiel. Außerordentliches Mitglied der Staatlichen Kunstakademie Düsseldorf. 1929 Gründung des Christian-Rohlfs-Museums in Hagen. Jährliche Sommeraufenthalte in Ascona. 1937 als »entarteter« Künstler diffamiert. 23 Werke in der Ausstellung »Entartete Kunst«. Ausstellungs- und Verkaufsverbot. Ausschluß aus der Preußischen Akademie der Künste in Berlin. 412 Werke werden aus deutschem Museumsbesitz beschlagnahmt. Gestorben 1938 in Hagen.

Karl Schmidt-Rottluff
Geboren 1884 in Rottluff bei Chemnitz als Karl Schmidt. 1902 Freundschaft mit Heckel. 1905 Architekturstudium in Dresden. Bekanntschaft mit Fritz Bleyl und Kirchner. Gründung der Künstlergruppe »Brücke« in Dresden. 1906 Sommeraufenthalt bei Nolde auf Alsen. In Hamburg Begegnung mit Rosa Schapire und Gustav Schiefler. 1907–1910 Sommer in Dangast mit Heckel. 1911 Übersiedlung nach Berlin. 1912–1914 Aufenthalte in Berlin, Hamburg und Nidden. 1913 Auflösung der »Brücke«. 1915–1918 Kriegsdienst in Rußland und Litauen. Rückkehr nach Berlin. 1918 Mitglied des »Arbeitsrates für Kunst« in Berlin. 1923 Italienreise mit Georg Kolbe und Richard Scheibe. 1924 mit Kolbe in Paris. 1927–1929 Aufenthalte in Ascona/Tessin. 1931 Mitglied der Preußischen Akademie der Künste in Berlin. 1933 Diffamierung als »entarteter Künstler«. Ausschluß aus der Akademie. 1936 Ausstellungsverbot. 1937 Beschlagnahme von 608 seiner Werke aus deutschem Museumsbesitz. 1941 Arbeitsverbot. 1943 Zerstörung des Berliner Ateliers durch Kriegseinwirkung. 1943–1946 Aufenthalte in Rottluff und Chemnitz. 1947 Professur an der Hochschule für Bildende Künste in Berlin. Gestorben 1976 in Berlin.

Eberhard Viegener
Geboren 1890 in Soest. 1904–1907 Maler- und Anstreicherlehre im Geschäft des Vaters. 1907 Besuch der Malerklasse der gewerblichen Fortbildungsschule in Hagen. Besuche im Museum-Folkwang von Karl-Ernst Osthaus. 1908–1912 Tätigkeit im väterlichen Malergeschäft. 1912 Übersiedlung nach Zürich. Dekorationsmaler. 1913–1914 in Klosters/Graubünden. Autodidakt bei ersten künstlerischen Arbeiten. Bekanntschaft mit Hodler. 1914 Gründung eines Fotogeschäfts. Freundschaft mit Morgner. 1918 Verbindung zu Pfemferts linksexpressionistischer Zeitschrift »Aktion«. Kontakt zur Künstlergruppe »Das Junge Rheinland« über die Galerie Flechtheim in Düsseldorf. Freundschaft mit Will Frieg.

1920 Übersiedlung nach Bilme. 1924 Begegnung mit Jawlensky. 1925 Bekanntschaft mit Theodor Däubler. 1928 Parisreise. 1928–1933 Mitglied und zweiter Vorsitzende der »Vereinigung der Künstler und Kunstfreunde Dortmund«. 1934 Gründung der »Eberhard-Viegener-Gesellschaft« in Dortmund von Professor Dr. Emil Figge. 1937 Beschlagnahmung von 22 Werke. Ein Gemälde in der Ausstellung »Entartete Kunst«. 1945 aktives Mitwirken im »Kulturbund zur demokratischen Erneuerung Deutschlands«. Beitritt in die »Westfälische Sezession«. 1946–1954 Gründung und Präsident des »Westdeutschen Künstlerbundes«. 1947 Osthaus-Preis der Stadt Hagen. 1950 Neugründung der Viegener-Gesellschaft in Dortmund. 1953 Reise nach Dänemark. 1956 Reise in die Schweiz. 1965 Retrospektive in der Kunsthalle Recklinghausen. Gestorben 1967 in Bilme bei Soest.

Ossip Zadkine
Geboren 1890 in Smolensk. 1906 in Sunderland/England zur medizinischen Ausbildung. Besuch von Zeichen- und Modellierkursen der dortigen Kunstschule. 1908 Studium an der Central School of Arts and Crafts in London. 1909 Studium an der École des Beaux-Arts in Paris. 1911 Teilnahme am »Salon Indépendants« und am »Salon d'Automne«. Bekanntschaft mit Archipenko und Lehmbruck. 1912 Frendschaft mit Brancusi, Picasso und Lipchitz. 1912/1913 Besuch des philosophischen Zirkels des Griechen P. Rodocanachi. Kenntnis der Arbeiten Rodins. 1914–1918 Kriegsdienst. 1918 Ausstellung zusammen mit Modigliani. 1921 französische Staatsbürgerschaft. 1931 Reisen nach Italien und Griechenland. 1937 Reise in die USA. 1940 Emigration in die USA. Begegnungen mit Ernst und Duchamp. 1945 Rückkehr nach Paris. 1947–1958 Professor an der Académie de la Grande Chaumière. 1950 Verleihung des Grand Prix de Sculpture auf der Biennale in Venedig. 1962 Kurse an der École des Beaux Arts in Paris. Gestorben 1967 in Neuilly bei Paris.

Magnus Zeller
Geboren 1888 in Siesenrock bei Mansfeld. 1908–1911 Studium bei Corinth in Berlin. 1912/1913 in Paris. Kenntnis von Daumier und Delacroix. 1913 Mitglied der Berliner Sezession. 1914–1918 Kriegsdienst. Begegnung u. a. mit Schmidt-Rottluff. Freundschaft mit Arnold Zweig. 1917/1918 Mitglied eines Soldatenrates und Teilnahme an der Vollversammlung der Berliner Arbeiter- und Soldatenräte. 1918 Mitglied in der »Novembergruppe«. 1921–1924 Lehrer an der Staatlichen Kunstschule in Tartu/ Estland. 1924–1937 in Berlin, Blomberg/Lippe. 1937 Übersiedlung nach Kaputh bei Potsdam. Gestorben 1975 in Kaputh bei Potsdam.

Verwendete Literatur:

Bartmann, Dominik: Helmuth Macke, Recklinghausen 1980.
Max Beckmann. Retrospektive, hrsg. v. Carla Schulz-Hoffmann und Judith Weiss, München 1984.
Max Beckmann. Die Druckgraphik, hrsg. v. Klaus Gallwitz, Badischer Kunstverein, Karlsruhe 1962.
Max Beckmann. Meisterwerke 1907-1950, hrsg. v. Karin Maur, Stuttgart 1990.
Becks-Malorny, Ulrike: Wassily Kandinsky. 1866-1944. Aufbruch zur Abstraktion, Köln 1993.
Der Blaue Reiter, hrsg. v. W. Kandinsky u. F. Marc, München 1912.
Buchheim, Lothar Günther: Otto Mueller. Feldafing 1963.
Busch, Günter u. Lieselotte von Reinken: Paula Modersohn-Becker in Briefen und Tagebuchaufzeichnungen, Frankfurt a. M. 1979.
Dube, Annemarie u. Wolf Dieter Dube: Ernst Ludwig Kirchner. Das graphische Werk, 2 Bde, München 1980.
Dube, Annemarie u. Wolf Dieter Dube: Erich Heckel. Das graphische Werk. 3 Bde, New York 1974.
Elger, Dietmar: Expressionismus, Köln 1991.
Max Ernst. Retrospektive zum 100. Geburtstag, hrsg. v. Werner Spies, München 1991.
Erpel, Fritz: Max Beckmann. Leben im Werk. Die Selbstbildnisse, Berlin 1985.
Expressionisten – Die Avantgarde in Deutschland 1905-1920. Ausstellungskatalog Staatliche Museen zu Berlin Nationalgalerie und Kupferstichkabinett, Berlin 1986.
Conrad Felixmüller. Legenden 1912-1976, hrsg. v. G. H. Herzog, Tübingen 1977.
Firmenich, Andrea: Heinrich Campendonk 1889-1957. Leben und expressionistisches Werk mit Werkkatalog des malerischen Oeuvres, Recklinghausen 1989.
Giedion-Welcker, Carola: Schriften 1926-1971, Köln 1973.
Glaser, Curt; Julius Meier-Graefe u. a.: Max Beckmann, München 1970.
Göpel, Erhard und Barbara Göpel: Max Beckmann. Katalog der Gemälde, 2 Bde, Bern 1967.
Gosebruch, Ernst: Schmidt-Rottluff, in: Genius, Jg. II, München 1920.
Güse, Ernst-Gerhard: Wilhlem Morgner, Münster 1983.
Haftmann, Werner: Malerei im 20. Jahrhundert, München 1954.
Hartlaub, Gustav F.: Die Graphik des Expressionismus in Deutschland, Stuttgart 1947.
Erich Heckel 1883-1970. Der frühe Holzschnitt, Ausstellungskatalog Brücke Museum Berlin, Berlin 1983.
Erich Heckel. Zeichnungen, Aquarelle, bearb. v. Karlheinz Gabler, Stuttgart/Zürich 1983
Adolf Hölzel. Bilder, Pastelle, Zeichnungen, Collagen, hrsg. v. Carl Haenlein, Hannover 1982.
Hofer, Karl: Aus Leben und Kunst, Berlin 1952.
Jähner, Horst: Otto Müller, Dresden 1974.
Jähner, Horst: Künstlergruppe Brücke, Berlin 1984.

Jannasch, Adolf: Carl Hofer, Potsdam 1946.
Alexej von Jawlensky Archive S.A.: Alexej von Jawlensky. Cataloque Raisonné of the Oil Paintings. Volume One, London 1991; Volume Two, Munich 1992; Volume Three, Munich 1993.
Alexej Jawlensky 1861-1941, hrsg. v. Rudy Chiappini, München 1989.
Alexej Jawlensky 1861-1941, hrsg. v. Armin Zweite, München 1983.
Karsch, Florian: Otto Dix. Das graphische Werk, Hannover 1970.
Karsch, Florian: Otto Mueller. Das graphische Gesamtwerk, Berlin 1974.
Kerber, Bernhard: Der Maler Eberhard Viegener, Soest 1982.
E.L. Kirchners Davoser Tagebuch, Köln 1968.
Klipstein, August: Käthe Kollwitz. Verzeichnis des graphischen Werkes, Bern 1955.
Käthe Kollwitz. Die Tagebücher, hrsg. v. Jutta Bohnke-Kollwitz, Berlin 1989.
Kornfeld, Eberhard W.: Verzeichnis des graphischen Werkes von Paul Klee, Bern 1963.
Krüger, Günter: Das druckgraphische Werk Max Pechsteins, Tökendorf 1988.
Lankheit, Klaus: Franz Marc. Katalog der Werke, Köln 1970.
Henri Laurens. 1885-1954. Bronzen, Steine und Arbeiten auf Papier, Ausstellungskatalog der Staatliche Museen zu Berlin, Nationalgalerie, Berlin 1991.
Maillol, Ausstellungskatalog der Kunsthalle Baden-Baden, hrsg. v. Hans Albert Peters, Suttgart 1978.
August Macke – Franz Marc. Briefwechsel, hrsg. v. Wolfgang Macke, Köln 1964.
August Macke. Gemälde, Aquarelle, Zeichnungen, hrsg. v. Ernst-Gerhard Güse, München 1986.
Franz Marc. Briefe, Aufzeichnungen und Aphorismen, 2 Bde, Berlin 1920.
Meisterwerke des Expressionismus. Gemälde, Aquarelle, Zeichnungen und Druckgraphik aus dem Brücke-Museum Berlin, hrsg. v. Magdalena M. Moeller, Stuttgart 1990.
Meseure, Anna: August Macke 1887-1914, Köln 1990.
Moeller, Magdalena M.: Erich Heckel. Aquarelle, Zeichnungen, Druckgraphik aus dem Brücke-Museum Berlin, München 1991.
Moeller, Magdalena M.: Protagonist der Moderne. Das malerische Schaffen 1904 bis 1928, in: Karl Schmidt-Rottluff. Der Maler, hrsg. v. Magdalena M. Moeller und Hans-Werner Schmidt, Stuttgart 1992.
Oskar Moll. Gedächtnisausstellung zum 20. Todestag, Ausstellungskatalog Museum am Ostwall Dortmund, Dortmund 1950.
Wilhelm Morgner 1891-1917. Gemälde, Zeichnungen, Druckgraphik, hrsg. v. Klaus Bußmann, Stuttgart 1991.
Museum am Ostwall Dortmund. Kunst des 20. Jahrhunderts. Die Sammlung. Bilder, Plastiken, Objekte, Environments, hrsg. v. Eugen Thiemann. (Bestandskatalog), Dortmund 1984.
Myers, Bernard S.: Malerei des Expressionismus, Köln 1957.
Nolde, Emil: Mein Leben, Köln 1990.
Max Pechstein, Ausstellungskatalog Kunstverein Braunschweig, Braunschweig 1982.
Christian Rohlfs. Oeuvre-Katalog der Gemälde, hrsg. v. Paul Vogt, Recklinghausen 1978.

Christian Rohlfs 1849-1938. Aquarelle, Wassertemperablätter, Zeichnungen, hrsg. v. Paul Vogt. Recklinghausen 1988.
Christian Rohlfs. Gemälde, Ausstellungskatalog Westfälisches Landesmuseum für Kunst und Kulturgeschichte Münster, Münster 1989.
Salzmann, Siegfried und Dorothea Salzmann: Oskar Moll. Leben und Werk, München 1975.
Schapire, Rosa: Karl Schmidt-Rottluf. Das graphische Werk bis 1923, Berlin 1924 (Reprint New York o. J.).
Schapire, Rosa: Schmidt-Rottluffs religiöse Holzschnitte, in: Die rote Erde, Jg. 1, Hamburg 1919.
Schilling, Jürgen: Ernst Barlach. Plastiken, Zeichnungen, Druckgraphik 1906-1937, Unna 1988.
Schilling, Jürgen: Max Pechstein, Bönen 1989.
Schmalenbach, Werner: Otto Mueller (Einführung), in: Otto Mueller. Gemälde, Handzeichnungen und Aquarelle, Druckgraphik, Hannover 1956.
Schmalenbach, Werner: Paul Klee, Düsseldorf 1986.
Schubert, Dietrich: Die Kunst Lehmbrucks, Worms/Dresden 1981/1990.
Schweiger, Werner J.: Der junge Kokoschka. Leben und Werk 1904-1914, Wien/München 1983.
Söhn, Gerhart: Conrad Felixmüller. Das graphische Werk 1912-1977. Werkverzeichnis, Düsseldorf 1987.
Spieler, Reinhard: Max Beckmann, Köln 1994.
Tjardes, Ilse: Studien zu Leben und Werk des westfälischen Künstlers Eberhard Viegener 1990-1967, Münster 1989.
Trier, Eduard: Ewald Mataré, Monographien zur Rheinisch Westfälischen Kunst der Gegenwart, Band 4, Köln 1956.
Valentiner, Wilhelm R.: Karl Schmidt-Rottluff, in: Junge Kunst, Band 16, Leipzig 1920.
Eberhard Viegener. 1890 bis 1967, hrsg. v. Birgit Schulte, Soest 1990.
Vogt, Paul: Christian Rohlfs. Das graphische Werk, Recklinghausen 1960.
Vogt, Paul: Erich Heckel, Recklinghausen 1965.
Vogt, Paul: Der Blaue Reiter, Köln 81991.
Weiler, Clemens: Alexej Jawlensky, Köln 1959.
Weiler, Clemens: Alexej Jawlensky. Köpfe, Gesichte, Meditationen, Hanau 1970.
Westheim, Paul: Das Holzschnittbuch, Potsdam 1921.
von Wiese, Stephan: Expressionistische Verkündigung. Bemerkungen zu Schmidt-Rottluffs religiösen Holzschnitten, in: Karl Schmidt-Rottluff. Retrospektive, hrsg. v. Gunter Thiem u. Armin Zweite, München 1989.
Wietek, Gerhard: Schmidt-Rottluff Graphik, München 1971.
Wietek, Gerhard: Karl Schmidt-Rottluff in Hamburg und Schleswig-Holstein, Neumünster 1984.
Wingler, Hans M. u. Friedrich Welz: O. Kokoschka. Das druckgraphische Werk, Salzburg 1975.

KULTURSTIFTUNG DORTMUND

Fritz Jaeger
c/o F. Willich GmbH+Co
Bünnerhelfstr. 10
44379 Dortmund

Die Kulturstiftung Dortmund wurde 1992 unter der Schirmherrschaft der Industrie- und Handelskammer zu Dortmund gegründet. Stifter sind Unternehmer der Dortmunder Wirtschaft, aber auch Privatpersonen unterstützen mit ihren Beiträgen die Stiftung.

Die Kulturstiftung fördert Initiativen, Ausstellungen und Veranstaltungen auf dem weiten Feld von Kunst und Kultur in Dortmund. Sie ist offen gegenüber allen Arten von Kunst und Kultur. Neben den klassischen Kunstausstellungen, Musik- und Theateraufführungen wird auch avandgardistische Kunst und Kulturarbeit, Kleinkunst und die gesamte Kulturszene unterstützt. Ziel ist es, ein reiches, vielfältiges Kulturleben in Dortmund zu fördern. Die Kulturstiftung will darüberhinaus mit dafür Sorge tragen, daß in Dortmund eine Philharmonie errichtet werden kann.

Die Kulturstiftung Dortmund ist gemeinnützig. Zuwendungen an die Kulturstiftung können als Spende von dem steuerpflichtigen Einkommen des Stifters abgesetzt werden.

Die Kulturstiftung führt alle Zuwendungen der Stifter und Spender dem Stiftungsvermögen zu. Die Zinserträge des Stiftungsvermögens werden für die jährliche Förderung eingesetzt. Hierdurch ist sichergestellt, daß das Vermögen der Kulturstiftung erhalten bleibt und die Kulturstiftung ihre Aufgaben langfristig und nachhaltig erfüllen kann.

Impressum

Meisterwerke des Expressionismus und der Klassischen Moderne
Herausgegeben von Dr. Ingo Bartsch und Dr. Tayfun Belgin

Museum am Ostwall Dortmund:
Direktor: Dr. Ingo Bartsch
Redaktion: Dr. Ingo Bartsch, Dr. Tayfun Belgin
Mitarbeit: Andrea Fink, M. A.; Marina Schuster, M. A.
Autoren: Dr. Ingo Bartsch (I.B.), Dr. Tayfun Belgin (T.B.), Andrea Fink, M. A. (A.F.),
Marina Schuster, M. A. (M.S.)
Sekretariat: Marie Luise Körber

Kataloggestaltung: Max von Velsen, Köln
Gesamtherstellung: Hitzegrad GmbH, Dortmund
Litho: Scan-Technik Stachowiak, Dortmund
Papier: Geese-Spezial-Offset »GSO« Supra 160 g/m^2
Auflage: 7.500 Exemplare

ISBN 3-925 998-23-3

Urheberrechte

Photonachweis

Berthold Kusy, Bochum: Seite 123
Foto Renard, Kiel: Seite 109
Jürgen Spiler, Dortmund: Seiten 31–43, 46–61, 65, 67–69, 71–79, 81–103, 105–107, 110–122, 124–135
Archiv Museum am Ostwall: Seiten 45, 63, 64, 70, 80, 104, 136